L'IMPÉRATRICE EUGÉNIE

PAR G. LACOUR-GAYET

de l'Académie des Sciences Morales et Politiques

ÉDITIONS ALBERT MORANCÉ

L'IMPÉRATRICE EUGÉNIE

COLLECTION ÉTABLIE
PAR LES SOINS DES
ÉDITIONS ALBERT
MORANCÉ, A PARIS
3o-32, RUE DE FLEURUS

1780

LIBRAIRIE CENTRALE
D'ART ET D'ARCHITECTURE
ANCIENNE MAISON MOREL
FONDÉE EN 1780

L'IMPÉRATRICE EUGÉNIE

PAR G. LACOUR-GAYET
de l'Académie des Sciences Morales et Politiques

ÉDITIONS ALBERT MORANCÉ

Le marquis F. de Girardin, l'un des exécuteurs testamentaires de S. M. l'Impératrice Eugénie, m'avait fait l'amitié, voici plus de deux ans, de me demander d'écrire une notice historique sur la dernière souveraine des Français. Sa piété pour une mémoire qui lui était chère lui avait fait réunir une curieuse collection de documents, soit des portraits de la femme qui n'était plus, soit des dessins qui se rapportaient à elle, dans sa vie publique ou dans sa vie privée. Il avait présenté cet ensemble de photographies et de gravures à un éditeur parisien dont le goût éclairé s'atteste par des publications d'art très intéressantes. Il s'était mis tout de suite d'accord avec M. Albert Morancé pour faire paraître ce recueil sur l'Impératrice Eugénie dans la collection « Documents et Souvenirs ».

J'avais eu l'occasion de m'entretenir, à plusieurs reprises, avec mon éminent confrère de la Société des Études historiques, des recherches préparatoires que je faisais pour répondre à son désir. J'avais pu lui donner connaissance de mon travail sous sa forme à peu près définitive, sauf les compléments et les retouches qui se présentent toujours à la dernière heure. L'impression de mes chapitres allait commencer, quand le marquis de Girardin mourut, au mois de février 1924. C'est pour moi un devoir de rappeler, en tête de cette étude historique, le souvenir d'un très galant homme, amateur éclairé et grand ami de l'histoire; si elle a été écrite, c'est à son initiative qu'on le doit.

M. Albert Morancé et moi nous avons pu augmenter de quelques pièces la collection qui avait été préparée par le marquis de Girardin. Hors texte ou dans le texte, toutes ces reproductions ont un caractère rigoureusement documentaire. Les illustrations, comme les chapitres de cet ouvrage, ont entendu être de l'histoire vraie.

G. Lacour-Gayet

Février 1925

L'Impératrice Eugénie

« *Celle à qui Dieu donna tant de choses, et à
qui il enleva, un par un, tout ce qu'il avait donné,
en lui laissant l'amertume des regrets, comme
seul compagnon de route.* »
(*Lettre de l'Impératrice à Franceschini Piétri
de Maritzburg, 3 mai 1880.*)

I

LES PREMIÈRES ANNÉES

A Grenade, l'ancienne capitale des rois Maures, une inscription au numéro 12 de la *calle de Gracia* apprend qu'en cette maison naquit *la ilustre Señora doña Eugenia da Guzman y Portocarrero, Emperatriz de los Franceses.* Quand l'*ayuntamiento* de Grenade fit poser cette inscription, c'était en 1867 ; par galanterie à l'égard de l'Impératrice, il négligea de faire graver sur la pierre la date de naissance : 5 mai 1826.

Eugénie avait une sœur, Paca, qui avait deux ans de plus qu'elle, et qui fut un jour la duchesse de Berwick et d'Albe. Leur père, don Cipriano Guzman Palafox y Portocarrero, comte de Teba, appartenait à une vieille famille de la noblesse espagnole ; leur mère, Maria-Manuela Kirkpatrick, était à la fois d'origine wallonne et écossaise. Le Liégeois Henri Griveguée s'était marié à Malaga avec une Espagnole, Antonia de Gallegos ; deux filles étaient nées de cette union : Françoise, qui épousa l'Écossais William Kirkpatrick, consul des États-Unis à Malaga (il fut le grand-père de l'Impératrice) ; Catherine, qui épousa Mathieu de Lesseps et qui fut la mère de Ferdinand de Lesseps. C'est l'origine du cousinage entre la future Impératrice et le futur créateur du canal de Suez.

La mère de l'Impératrice est connue sous le nom de comtesse de Montijo. C'est le nom qu'avait porté son mari, après la mort d'un frère aîné, Eugenio Guzman, comte de Montijo, oncle et parrain de la petite Eugénie. Lui-même, don Cipriano, avait servi dans l'armée de Napoléon comme colonel d'artillerie ; on rapporte qu'à la bataille de Paris, le 30 mars 1814, il commandait les batteries de la butte Montmartre. Un jeune Français, Prosper Mérimée, qui voyageait en Espagne en 1830, avait fait sa connaissance ; introduit dans sa famille, il était devenu l'ami de la mère et des deux petites filles, qui avaient alors six ans et quatre ans. Ainsi commencèrent des relations d'amitié qui devaient durer jusqu'à la mort de l'auteur de *Colomba*.

Les troubles de l'Espagne amenèrent le comte de Montijo et sa famille à passer en France. Eugénie Palafox, suivant le nom qu'elle portait alors, fut élevée en partie à Paris, au couvent des dames du Sacré-Cœur, rue de Varenne ; elle y fit sa première communion. Son père mourut en 1839, quand elle avait treize ans. Chez sa mère elle retrouvait le Français de Grenade, Prosper Mérimée, et un ami de celui-ci, Henri Beyle ou Stendhal, qui était devenu un familier de la maison. « Les soirs où venait M. Beyle, » racontait plus tard l'Impératrice, « étaient des soirs à part. Nous les attendions avec impatience, parce qu'on nous couchait un peu plus tard ces jours-là. Et ses histoires nous amusaient tant ! » Le romancier de *la Chartreuse de Parme* jouait parfois au prophète. « Quand vous serez grande, lui disait-il, vous épouserez M. le marquis de Santa-Cruz. Alors vous m'oublierez, et moi je ne me soucierai plus de vous. » Mérimée prenait plaisir à donner à la jeune Eugénie des leçons de français ; la leçon s'achevait le plus souvent chez le pâtissier.

M. le marquis de Santa-Cruz, c'est-à-dire le Prince Charmant à qui rêvent les jeunes filles, Eugénie de Guzman l'avait aperçu pour la première fois quand elle avait quatorze ans à peine, mais sans se douter certes qu'elle devait un jour porter son nom. Le prince Louis-Napoléon Bonaparte venait d'être arrêté pour la seconde fois, après son équipée de Boulogne. Conduit à Paris, il fut amené à la préfecture de Police ; la comtesse de Montijo, qui était liée avec la femme du préfet, Mme Delessert, vint lui rendre visite, le jour même où le prince arrivait à la préfecture, sous la conduite d'un officier de gendarmerie. Eugénie et sa sœur virent passer un prisonnier dont la tenue les fit rire ; le prince portait, paraît-il, une chemise d'emprunt, beaucoup trop grande pour lui. Douze ans plus tard, le prisonnier était devenu l'empereur Napoléon III, et l'un de ses premiers actes fut d'épouser la jeune Espagnole qui s'était moquée de lui.

« Je suis venue au monde pendant un tremblement de terre, » disait un jour l'Impératrice. « Ma mère accoucha sous une tente, dans le jardin. Qu'est-ce que les anciens auraient pensé d'un pareil présage? Ils auraient dit que je venais bouleverser le monde. » Il n'y parut pas d'abord ; car la situation de la famille Montijo, installée à Paris dans un très modeste appartement, ne semblait pas destiner la jeune fille à un avenir extraordinaire. « Nous n'étions pas riches, » disait-elle plus tard, « et mon père n'avait pas tort lorsqu'il voulait nous habituer, de bonne heure, à la pauvreté qui devait être notre lot. Mais il exagérait un peu lorsqu'il prétendait nous faire porter des robes de toile en toute saison, lorsqu'il empêchait ma mère de nous acheter des parapluies ou de nous faire monter avec elle en voiture. » Est-ce qu'on ne raconte pas qu'une grande couturière et marchande de modes de l'époque envoya un jour sa note par huissier à la comtesse de Montijo? C'était vraiment manquer du sens de l'opportunité ; car le fâcheux mémoire était présenté peu de temps avant que la grande nouvelle fût connue dans le public : la seconde de ses filles allait être impératrice des Français.

II

AVANT LE MARIAGE

Depuis le mariage de sa fille aînée avec le duc d'Albe, qui suivit de cinq ans la mort de son mari, la comtesse de Montijo vivait seule avec sa seconde fille. Ses ressources assez modestes ne l'empêchaient pas de fréquenter le monde des artistes, des écrivains, des gens à la mode. Dans les crises qui se succédaient à la cour d'Isabelle II, elle avait acquis le titre de *camarera-mayor*, qui lui donnait une situation à part dans la société espagnole. « Type très complet et très beau de la femme d'Andalousie, » — ce sont les expressions de Mérimée, — elle appartenait à ce groupe de belles étrangères auxquelles les salons de Paris ont toujours été disposés à faire bon accueil. Quant à sa fille cadette, partout où elle se montrait, sa beauté faisait sensation. Comment se nouèrent les relations qui devaient aboutir à son mariage? Elle le racontait un jour à Augustin Filon, le précepteur de son fils.

Elle avait beaucoup entendu parler du prisonnier de Ham par une femme qui avait été mêlée à la tentative de Strasbourg. « Un conspirateur, disait-elle, un prisonnier, un prince, un Napoléon : il y avait tout ce qu'il fallait pour me monter la tête... Vous pensez si le terrain était bien préparé par les souvenirs de mon père et par les récits de M. Beyle. J'avais la religion de Napoléon dans le sang. » L'ancien prisonnier de Ham était devenu le président de la République ; il habitait au palais de l'Élysée. La comtesse de Montijo connaissait l'un des familiers du président, le comte Bacciochi ; celui-ci la présenta, ainsi que sa fille, au chef de l'État. L'impression qu'elles produisirent fut assez favorable pour que, peu après, une invitation à dîner à Saint-Cloud leur fût adressée. Elles croyaient se rendre à une réception officielle ; leur surprise fut grande de se trouver seulement en compagnie du président et de Bacciochi. Après le dîner, le président parla de faire un tour dans le parc et fit le geste d'offrir son bras à Mlle de Montijo. « Monseigneur, ma mère est là, » dit la future impératrice, en prenant le bras de Bacciochi.

Le président fit faire la promenade à la comtesse de Montijo. L'Impératrice souriait à ce souvenir. « Je ne crois pas, disait-elle, qu'il se soit amusé beaucoup, ce soir-là. »

Plusieurs mois s'écoulèrent. La jeune fille, qui n'avait point oublié la soirée de Saint-Cloud, écrivit à Bacciochi, le jour même du 2 décembre et quand l'issue du coup d'État restait encore incertaine, pour lui dire qu'elle mettait tout ce qu'elle possédait de fortune à la disposition du président. Le coup d'État avait pleinement réussi ; il avait eu pour effet de prolonger pour dix ans les pouvoirs du président de la République ou plutôt du prince-président, comme on prenait l'habitude de l'appeler. On sentait que l'on était dans une période de transition et qu'il ne faudrait pas grand temps pour passer des apparences du régime républicain aux réalités du pouvoir impérial. Paris, comme assuré du lendemain, reprenait son existence de luxe et de fêtes. Les réceptions que le prince-président donnait à l'Élysée annonçaient les somptuosités de l'Empire.

Mme de Montijo et sa fille se rendaient aux bals de la présidence. Si Mlle de Montijo, qui était alors dans l'éclat de sa vingt-sixième année, attirait tous les regards, on commençait à s'apercevoir que ceux du président s'arrêtaient sur elle avec une insistance particulière. Les deux Espagnoles étaient désormais de toutes les fêtes officielles. Aux chasses de Fontainebleau, au mois de novembre, Mlle de Montijo fut l'objet d'attentions, qui furent très remarquées. A une chasse à courre, arrivée la première à l'hallali, l'intrépide amazone reçut du prince le pied du cerf, ce qui lui valut de rentrer à ses côtés, comme en triomphe. Horace de Viel-Castel notait, dans ses *Mémoires*, à la date du 25 novembre 1852 : « Mlle de Montijo, jeune blonde Espagnole de la plus grande naissance, est, depuis le voyage de Fontainebleau, le but des attentions du prince. La jeune fille est très agréable ; elle ne manque pas d'esprit, qu'elle a fort avenant ; mais elle ne sera jamais entraînée ni par le cœur ni par les sens, car elle a une ferme raison. » On raconta bientôt cette anecdote. Napoléon, car le prince avait pris ce nom en restaurant l'Empire le 2 décembre 1852, passait une revue dans la cour des Tuileries. Mlle de Montijo y assistait d'une fenêtre du rez-de-chaussée voisine de la chapelle. Après le défilé, l'Empereur à cheval s'approche de la fenêtre. « Comment arriver jusqu'à vous ? » dit-il à son invitée. — « Sire, par la chapelle. »

A la fin du mois de décembre, la cour impériale se transporta à Compiègne. « Ce fut là, dit l'Impératrice, que l'Empereur me parla d'amour pour la première fois ; mais je tournai la chose en plaisanterie. » A une loterie, l'Empereur s'arrangea pour faire gagner à la jeune fille un bijou qui représentait une feuille de trèfle ; dans sa pensée, c'était comme une bague de fiançailles. Son parti, en effet, était à présent arrêté ; il avait décidé de donner à la belle Espagnole le titre d'impératrice.

Quand le Sénat, que présidait alors l'ancien roi de Westphalie Jérôme Bonaparte, frère de Napoléon Ier, reçut le message du prince-président où il était question de rétablir l'Empire et de répondre ainsi au vœu de la nation, le sénateur Troplong fut chargé de présenter un rapport au nom de ses collègues du Luxembourg. Le rapporteur abonda en raisons historiques et autres, qui justifiaient la proposition du message ; mais il se fit l'écho d'un autre désir du Sénat et de l'opinion : « que, dans un avenir peu éloigné, une épouse vînt s'asseoir sur le trône qui allait s'élever et qu'elle donnât à l'Empereur des rejetons dignes de lui, dignes du pays. »

Restaurer l'Empire, c'était restaurer la « quatrième race ; » et cette restauration n'allait pas, semblait-il, sans le rétablissement de l'hérédité en ligne directe. Mais qui épouser ? Une Anglaise, miss Howard, que le prince avait connue à Londres et qui l'avait suivi à Paris, pensait bien échanger un jour contre le palais de l'Élysée le petit hôtel de la rue du Cirque, où elle recevait le prince-président et quelques-uns de ses familiers ; mais Louis-Napoléon était résolu à lui restituer, généreusement, les avances qu'elle lui avait faites pour le succès du coup d'État, à lui donner un titre de comtesse, mais à ne pas aller au delà.

Une cousine du prince-président, la marquise de Hamilton, fille de la grande-duchesse Stéphanie de Beauharnais, lui conseillait d'épouser une princesse de sang royal, sa propre nièce, Caroline Wasa, née du mariage de sa sœur Louise de Bade avec le prince Gustave Wasa ; la princesse Caroline avait alors dix-neuf ans. Il suivit le conseil de sa cousine, et il chargea un ami personnel, le comte Fleury, d'aller sonder le terrain à la cour de Bade. Mais la grande-duchesse Stéphanie avait en vue pour sa petite-fille une alliance avec le prince royal de Saxe ; elle devint, en effet, reine de Saxe. Fleury rapporta à l'Élysée cette réponse, que des pour-parlers déjà engagés avaient rendu sa mission inutile. Le maître de l'Élysée apprit sans émotion ce résultat négatif.

Épouserait-il la fille du prince de Wagram ? Il se rendit à une récep-tion à l'hôtel du prince, qui avait un peu le caractère d'une entrevue. Il en revint avec le même état d'indifférence qu'il y avait apporté. C'est que ses sens et son cœur étaient déjà pris autre part. A Compiègne, au mois de décembre, il faisait au comte Fleury ses confidences sur Mlle de Montijo. « Ah ! soupirait-il, je suis bien amoureux d'elle ! — Je le comprends, Sire, et je vois bien que ce n'est pas d'aujourd'hui. Mais alors il n'y a qu'une

chose à faire... Épousez-la. — J'y songe sérieusement. » Il y songeait
en effet ; car il ne lui plaisait pas d'éprouver encore un échec dans un
autre projet d'union princière, et il aimait. Un incident précipita sa décision.

Dans les premiers jours de janvier 1853, quand l'Empire avait juste
un mois d'existence, Mlle de Montijo assistait à un bal à l'Élysée. Au
moment de se rendre au souper, où sa place était réservée à la table impériale, elle se rencontra près d'une porte avec Mme Fortoul. Celle-ci s'étonna
à haute voix que la jeune fille eût la prétention de passer avant elle. « Je
devins très pâle, » racontait plus tard l'Impératrice, « et je me rangeai en
disant : Passez, madame. » L'Empereur s'aperçut aisément de son trouble,
qu'elle ne pouvait dissimuler. Il la pressa de questions : « Qu'y a-t-il? Je
veux le savoir. — Il y a, Sire, qu'on m'a insultée ce soir, et qu'on ne
m'insultera pas une seconde fois. — Demain, dit l'Empereur, on ne vous
insultera plus. »

Le lendemain, tandis que Mme de Montijo et sa fille faisaient, dans
leur appartement de la place Vendôme, leurs préparatifs de départ pour
l'Italie, une lettre officielle arrivait de l'Élysée : l'Empereur demandait à
la comtesse de Montijo la main de sa fille.

Les parents et les amis de l'Empereur suivaient depuis quelque temps,
avec des sentiments divers, l'évolution de ce projet matrimonial. Le
roi Jérôme et son fils le prince Napoléon, l'un oncle, l'autre cousin de
Napoléon III, ne voyaient pas avec plaisir un mariage, quel qu'il fût, car
c'était la ruine très prochaine de leurs chances d'arriver au trône. Une
alliance dynastique, passe encore ; mais un mariage avec une étrangère qui
n'avait pour elle que sa beauté, qui, depuis plusieurs années, menait avec
sa mère une existence nomade en Espagne, en France, dans les stations à
la mode, qui n'apportait ni fortune, ni alliance, ni influence, une union de
ce genre ressemblait beaucoup à une aventure. Fialin de Persigny, le compagnon des mauvais jours, ne pouvait comprendre que son ami, qui était
arrivé au faîte suprême, fût homme à commettre une pareille sottise. Il le
lui dit un jour d'une manière brutale : « Ce n'était pas, ma foi, la peine
que tu fisses le coup d'État pour finir d'une telle façon. » Morny, le
demi-frère de l'Empereur, voulait bien admettre que Napoléon III renonçât
à contracter une alliance dynastique ; mais ne pouvait-il trouver une femme
selon ses goûts dans la noblesse française, au lieu de la prendre dans la
noblesse étrangère ? Deux personnes ne cachaient pas leur approbation.
La princesse Mathilde ne partageait pas du tout l'hostilité de son frère.
« Les sœurs de Napoléon Ier, disait-elle, ont fait des difficultés pour
porter la traîne de la robe de l'Impératrice, lors de la cérémonie à Notre-

Dame ; quant à moi, je n'en ferai certainement aucune. » Un personnage
qu'on voyait peu, mais à qui son rôle de chef de cabinet de l'Empereur
donnait une grande influence, M. Mocquard, trouvait que son maître avait
parfaitement raison.

Approuvé par quelques-uns, critiqué par le plus grand nombre, raillé
même par certains, Napoléon III, « l'homme taciturne, » avait pris son parti
en pleine connaissance de cause ; il avait quarante-quatre ans, sa décision
n'était pas un coup de tête, car, depuis trois ans, il avait pu observer
Mlle de Montijo. La nouvelle de la demande en mariage n'avait pas encore
éclaté dans le public ; mais on ne pouvait se méprendre sur ses intentions.
A un bal chez la princesse Mathilde, le 9 janvier, l'Empereur avait eu une
longue conversation en aparté avec Mlle de Montijo ; aucun des assistants
n'avait eu l'audace de la troubler. La belle jeune personne était le soleil
levant, on s'empressait autour d'elle, on lui adressait des recommandations
pour Sa Majesté ou pour les ministres.

La duchesse de Dino écrivait dans sa *Chronique*, à la date du 8 janvier
1853, les lignes suivantes, d'après des lettres qu'elle avait reçues de Paris :
« L'Empereur est décidément fort amoureux d'une Espagnole, Mlle de Montijo. Il lui a montré la couronne impériale préparée pour l'Impératrice.
On dit ce joyau splendide. Pour le faire valoir, l'Empereur a voulu que
la belle Espagnole l'essayât, à quoi elle s'est prêtée sans difficulté, accueillant
même ce que cet augure pouvait avoir de personnel pour son avenir. »

Le 18 janvier, le conseil des ministres fut saisi officiellement du projet
de mariage ; mais il n'avait pas à délibérer sur une chose qui lui était
communiquée pour la forme et à titre de première publicité. On prétend que
l'Empereur dit aux ministres : « Messieurs, il n'y a pas d'observations à
faire, de discussion à entamer ; ce mariage est chose arrêtée, et j'y suis
résolu. » Les ministres qui avaient des représentations à faire les avaient
déjà faites sans succès ; ils ne les renouvelèrent pas. Le conseil prit acte de
la grande nouvelle. Dans le monde des affaires il y eut un moment de
panique, qui fut sans doute une manœuvre de la spéculation : la Bourse
du 19 janvier marqua une baisse de deux francs. Un homme eut plus de
sang-froid et de bon sens ; c'est M. Dupin, bien connu par ses bons mots et
sa causticité. « On se préoccupe peu, dit-il, de ce que je dis et de ce que je
pense, et on fait peut-être bien ; mais l'Empereur fait mieux encore d'épouser
qui lui plaît et de ne pas se laisser marchander quelque scrofuleuse princesse d'Allemagne aux pieds grands comme les miens. Du moins, lorsque
l'Empereur baisera sa femme, ce sera par plaisir et non par devoir. »

En attendant le grand jour, Mlle de Montijo et sa mère allèrent s'établir le 24 janvier, au palais de l'Élysée. Depuis la proclamation de l'Empire, Napoléon III avait établi sa résidence officielle au palais des Tuileries.

Drouyn de Lhuys, ministre des Affaires étrangères, avait été parmi les opposants les plus catégoriques. Comme ses conseils n'avaient pas été suivis, il résolut de se retirer ; auparavant, il alla présenter ses devoirs à Mlle de Montijo. « Vous me permettrez de vous remercier, » dit-elle au ministre, « et cela très sincèrement, du conseil que vous avez donné à l'Empereur au sujet de son mariage. C'est exactement celui que je lui ai donné moi-même. — L'Empereur m'a trahi, à ce que je vois, » repartit Drouyn de Lhuys, assez embarrassé. « Non, reconnaître honorablement votre sincérité, me faire connaître l'opinion d'un serviteur dévoué, qui a exprimé ses propres sentiments, ce n'est pas là une trahison. J'ai dit à l'Empereur, comme vous l'avez fait vous-même, qu'il fallait prendre en considération les intérêts de son trône ; mais ce n'est pas à moi de juger s'il a tort ou raison de croire que ses intérêts peuvent s'accorder avec ses sentiments. » En sortant de sa visite, le ministre avait changé d'avis : il gardait son portefeuille.

III

LE MARIAGE

Une note du *Moniteur* fit savoir que le bureau du Sénat, le bureau du Corps législatif et les membres du Conseil d'État auraient à se réunir aux Tuileries le samedi 22 janvier, pour y recevoir de l'Empereur une communication relative à son mariage ; les sénateurs et les membres du Corps législatif pouvaient se joindre à leurs collègues.

Le 22 janvier, aux sénateurs, députés et conseillers d'État qui se pressaient dans la salle du Trône, l'Empereur lut ce discours :

« Messieurs,

« Je me rends au vœu si souvent manifesté par le pays en venant vous annoncer mon mariage.

« L'union que je contracte n'est pas d'accord avec les traditions de l'ancienne politique ; c'est là son avantage.

« La France, par ses révolutions successives, s'est toujours brusquement séparée du reste de l'Europe ; tout gouvernement sensé doit chercher à la faire rentrer dans le giron des vieilles monarchies ; mais ce résultat sera bien plus sûrement atteint par une politique droite et franche, par la loyauté des transactions, que par les alliances royales, qui créent de fausses sécurités et substituent souvent l'intérêt de famille à l'intérêt national. D'ailleurs, les exemples du passé ont laissé dans l'esprit du peuple des croyances superstitieuses ; il n'a pas oublié que, depuis soixante-dix ans, les princesses étrangères n'ont monté les degrés du trône que pour voir leur race dispersée et proscrite par la guerre ou par la révolution. Une seule femme a semblé porter bonheur et vivre plus que les autres dans le souvenir du peuple, et cette femme, épouse modeste et bonne du général Bonaparte, n'était pas issue d'un sang royal.

« Il faut cependant le reconnaître : en 1810, le mariage de Napoléon Ier avec Marie-Louise fut un grand événement ; c'était un gage pour l'avenir, une véritable satisfaction pour l'orgueil national, puisqu'on voyait l'antique et illustre maison d'Autriche, qui nous avait si longtemps fait la guerre, briguer l'alliance du chef élu d'un nouvel empire. Sous le dernier règne, au contraire, l'amour-propre du pays n'a-t-il pas eu à souffrir lorsque l'héritier de la couronne sollicitait infructueusement, pendant plusieurs années, l'alliance d'une maison souveraine, et obtenait enfin une princesse accomplie sans doute, mais seulement dans des rangs secondaires et dans une autre religion ?

« Quand, en face de la vieille Europe, on est porté par la force d'un nouveau principe à la hauteur des anciennes dynasties, ce n'est pas en vieillissant son blason et en cherchant à s'introduire à tout prix dans la famille des rois qu'on se fait accepter. C'est bien plutôt en se souvenant toujours de son origine, en conservant son caractère propre et en prenant franchement vis-à-vis de l'Europe la position de parvenu (1), titre glorieux lorsqu'on parvient par le libre suffrage d'un grand peuple.

« Ainsi, obligé de s'écarter des précédents suivis jusqu'à ce jour, mon mariage n'était plus qu'une affaire privée. Il restait seulement le choix de la personne. Celle qui est devenue l'objet de ma préférence est d'une naissance élevée. Française par le cœur, par l'éducation, par le souvenir du sang que versa son père pour la cause de l'Empire, elle a, comme Espagnole, l'avantage de ne pas avoir en France de famille à laquelle il faille donner honneurs et dignités. Douée de toutes les qualités de l'âme, elle sera l'ornement du trône comme, au jour du danger, elle deviendrait un de ses courageux appuis. Catholique et pieuse, elle adressera au Ciel les mêmes prières que moi pour le bonheur de la France ; gracieuse et bonne, elle fera revivre, dans la même position, j'en ai le ferme espoir, les vertus de l'Impératrice Joséphine.

« Je viens donc, Messieurs, dire à la France : J'ai préféré une femme que j'aime et que je respecte à une femme inconnue dont l'alliance eût eu des avantages mêlés de sacrifices. Sans témoigner de dédain pour personne, je cède à mon penchant, mais après avoir consulté ma raison et mes convictions. Enfin, en plaçant l'indépendance, les qualités du cœur, le bonheur de famille au-dessus des préjugés dynastiques et des calculs de l'ambition, je ne serai pas moins fort, puisque je serai plus libre.

« Bientôt, en me rendant à Notre-Dame, je présenterai l'Impératrice au Peuple et à l'Armée ; la confiance qu'ils ont en moi assure leur sympathie à celle que j'ai choisie. Et vous, Messieurs, en apprenant à la connaître,

---

(1) L'Empereur tenait à cette expression. Il disait un jour à la princesse de Metternich : « N'oubliez pas que je suis un parvenu, dans la véritable acception du mot. »

vous serez convaincus que cette fois encore j'ai été inspiré par la Providence. »

Bien des murmures flatteurs avaient salué divers passages de ce discours ; à la fin, les applaudissements éclatèrent avec enthousiasme. Certes, l'Empereur avait tenu un langage très habile ; mais son discours, pour bien fait qu'il fût, ne pouvait avoir l'approbation de tous. Les orléanistes en particulier, très mal disposés pour le nouveau régime depuis la confiscation des biens de la maison d'Orléans, furent froissés de l'allusion, peu obligeante et peu nécessaire, faite au mariage du fils aîné de Louis-Philippe ; ils ne laissèrent pas tomber le passage sur les « vertus » de Joséphine. « Oui, » disaient-ils en souriant, « elle aura toutes les vertus de Joséphine. »

Un sénateur avait trouvé le discours excellent, mais il ajoutait : « Je préfère la sauce au poisson. » Le mot arriva jusqu'aux Tuileries et n'y fut pas oublié. Ce sénateur dînait quelques semaines plus tard au château ; l'Impératrice remarqua qu'il prenait du turbot sans sauce. « Monsieur, » lui dit-elle d'un air malicieux, « je croyais que c'était la sauce que vous aimiez, et non pas le poisson. » Thiers, que le coup d'État avait brutalement chassé de la vie politique, eut sur le mariage de Napoléon III son appréciation ironique. « L'Empereur, dit-il, m'a toujours paru un homme d'esprit ; aujourd'hui, je le reconnais prévoyant : par son mariage, il se réserve la grandesse espagnole. »

Il est certain qu'il y avait bien de la « grandesse » dans l'acte de mariage, tel qu'il figurait sur le registre de l'état-civil de la famille impériale, à la date du 29 janvier 1853 (1). Ce fut le jour du mariage civil, qui fut célébré au palais des Tuileries, dans la salle des Maréchaux. Autour des fauteuils des deux époux avaient pris place le roi Jérôme, le prince Napoléon, la princesse Mathilde, la comtesse de Montijo, le marquis de Valdegamas, ministre d'Espagne, le prince Lucien Bonaparte, le prince Pierre Bonaparte, le prince Lucien Murat, la princesse Bacciochi Camerata, la princesse Murat. La maison de l'Impératrice, constituée depuis deux jours, était là au grand complet : grande maîtresse, princesse d'Essling ; dame d'honneur, duchesse de Bassano ; dames du palais, comtesse Gustave de Montebello, comtesse Feray d'Isly, vicomtesse Lézay-Marnezia, baronne de Pierres, baronne de Malaret, marquise de Las Marismas, marquise de la Tour-

---

(1) Ce registre n'existe plus. Emprunté aux Archives nationales, lors de la naissance du Prince impérial, il a été détruit, en mai 1871, dans l'incendie des archives du Conseil d'État, où il avait été déposé.

Maubourg (1); grand maître, général comte de Tascher de la Pagerie, sénateur; premier chambellan, comte Charles de Tascher de la Pagerie; chambellan, vicomte Lézay-Marnezia; écuyer, baron de Pierres.

Achille Fould, ministre d'État de la maison de l'Empereur, assisté de
Baroche, président du Conseil d'État, remplissait les fonctions d'officier de
l'état civil. A ce titre, il donna lecture de l'acte du « mariage entre
S. M. l'Empereur Napoléon III, né à Paris le 20 avril 1808 (2), et
S. Exc. Marie-Eugénie Guzman y Palafox Fernandez de Cordova, Leyva
y La Cerda, comtesse de Teba, de Banos, de Mora, de Santa-Cruz, de la
Sierra, marquise de Moya de Ardales de Osera, vicomtesse de la Cal-
zada, etc., grande d'Espagne de première classe, née à Grenade le 5 mai
1826, fille de S. Exc. Cipriano Porto-Carrero y Palafox, comte de Montijo, duc de Penaranda, marquis de Valderravano, vicomte de Palencias
de la Valduerna, baron de Quinto, etc., grand maréchal de Castille, grand
d'Espagne de première classe, chevalier de l'ordre de Saint-Jean de Jéru-
salem et de la Légion d'honneur, décédé à Madrid le 15 mars 1839, et de
la comtesse de Montijo et de Miranda, duchesse de Penaranda, grande
d'Espagne de première classe, grande maîtresse honoraire de S. M. la
Reine des Espagnes, dame de l'ordre royal des Dames nobles de Marie-
Louise et dame de la société d'Honneur et de Mérite. »

Le lendemain, dimanche 30 janvier, eut lieu à Notre-Dame la cérémonie
du mariage religieux. On avait cherché à reproduire, autant que possible,
les somptuosités du sacre de Napoléon et celles de son mariage avec
Marie-Louise. La voiture de mariage, attelée de huit chevaux alezan clair,
portait l'Empereur et l'Impératrice, seuls; c'était la même voiture qui,
en 1804, avait conduit au sacre Napoléon Ier et l'Impératrice Joséphine.
Au moment où elle sortait de la voûte des Tuileries, la couronne impériale
qui la surmontait tomba à terre; on se hâta de la remettre en place. C'était
une journée d'hiver ensoleillée. Le cortège en grande pompe, accompagné
par les vivats de la foule, se déroula, au milieu des cordons de la troupe,
par la rue de Rivoli, qui venait d'être achevée, la place de l'Hôtel-de-Ville,
le quai de Gesvres, le pont Notre-Dame, le quai Napoléon (quai aux Fleurs),
la rue d'Arcole, la place du Parvis. La bénédiction nuptiale fut donnée à

(1) Bientôt le nombre des dames du palais fut porté de sept à douze. En 1857, c'étaient la comtesse de Montebello, la vicomtesse de Lézay-Marnezia, la baronne de Pierres, la baronne de Malaret,
la marquise de Las Marismas, la marquise de la Tour-Maubourg, la comtesse de Labédoyère, la
comtesse de Lourmel, la comtesse de la Poëze, la comtesse de Rayneval, Mme de Sancy née Lefebvre-
Desnouettes, Mme de Saulcy.

(2) L'acte de mariage ne donne pas les noms du père et de la mère de l'époux.

Leurs Majestés par l'archevêque de Paris, Mgr Sibour (1). Au retour, le cortège suivit la rue d'Arcole, le quai Napoléon (quai aux Fleurs et quai de la Cité), le pont au Change, les quais de la rive droite, la place de la Concorde, le jardin des Tuileries.

Dans une dépendance du parc de Saint-Cloud, le petit château de Villeneuve-l'Étang avait été préparé pour les nouveaux époux ; c'est là qu'ils passèrent les premiers jours de leur union.

Quelques semaines après, la comtesse de Montijo reprenait le chemin de l'Espagne. Son grand ami Mérimée, qui avait été mêlé à toutes les péripéties de l'extraordinaire aventure, jusqu'à surveiller même la rédaction du contrat, la consola de son mieux. « C'est une terrible chose, lui écrivit-il, que d'avoir des filles et de les marier. Que voulez-vous ? L'Écriture dit que la femme doit quitter ses parents pour suivre son mari. Maintenant que vos devoirs de mère sont accomplis (et, en vérité, personne ne vous contestera d'avoir fort bien marié vos filles), il faut songer à vivre pour vous-même et à vous donner du bon temps. » Le bon temps ne dura pas toujours. La mère de l'Impératrice connut — de loin — les splendeurs au milieu desquelles vivait sa fille ; elle connut aussi les désastres de 1870 et l'effondrement du Second Empire ; elle connut encore la tragédie du Zululand qui coûta la vie en 1879 au Prince impérial. Elle mourut à l'âge de quatre-vingts ans, six mois après la mort de son petit-fils.

(1) Mgr Sibour devait mourir à Saint-Étienne du Mont, le 3 janvier 1857, sous le poignard d'un prêtre interdit, fou mystique, l'abbé Jean Verger.

IV

LE PRINCE IMPÉRIAL

A l'automne de l'année 1855, on annonça officiellement la grossesse de
l'Impératrice. Tout souriait alors au régime impérial. Le voyage de la
Reine Victoria à Paris, au mois d'août, avait eu un autre caractère qu'une
manifestation de l'alliance qui existait alors entre les cabinets de
Saint-James et des Tuileries; il semblait qu'il avait eu pour effet d'introduire, d'une manière officielle, l'ancienne comtessse de Teba dans les rangs
des vieilles dynasties européennes. Les armées alliées venaient d'entrer à
Sébastopol; cette victoire, chèrement achetée, était avant tout l'œuvre de
l'armée française et de son chef le général Pélissier. On sentait que la
guerre touchait à sa fin. L'Exposition universelle, qui se tenait au palais
de l'Industrie, était la preuve que la France guerrière savait aussi triom-
pher dans les arts de la paix.

L'année 1856 commença sous les plus heureux auspices. La Russie avait
accepté des propositions de paix, qui étaient déjà la reconnaissance de sa
défaite. Un congrès européen allait se tenir pour trouver une solution à la
question d'Orient, et c'est Paris qui avait été choisi comme le siège de ces
assises internationales; cela seul semblait une revanche des traités de 1815
et des humiliations qui avaient été alors infligées à la France. Le congrès s'ouvrit à Paris, le 25 février, sous la présidence de Walewski, le ministre des
Affaires étrangères, qui avait eu pour père Napoléon Ier. Que les temps
étaient changés! Les conséquences de la défaite de Waterloo allaient être effa-
cées, au moins en partie, par les victoires de la guerre de Crimée. Que man-
quait-il encore à ce chef d'État heureux, pour qui la fortune semblait alors
n'avoir que des sourires? Que la naissance d'un fils consacrât la solidité de
l'édifice impérial; les espérances de la branche cadette, où l'Empereur sentait
qu'il n'avait pas toutes les sympathies, se trouveraient ainsi écartées.

Le 16 mars, dans la nuit du dimanche des Rameaux, quand l'Impératrice souffrait déjà depuis plus d'un jour, on constata que son accou-
chement n'était plus qu'une question de quelques quarts d'heure. A côté

d'elle, outre les médecins et l'Empereur, il y avait sa mère, la princesse
d'Essling, grande maîtresse, l'amirale Bruat, gouvernante des enfants de
France, et la duchesse de Bassano, dame d'honneur. Mais ce n'étaient pas
là des témoins officiels, dûment qualifiés pour constater qu'il n'y avait
aucune supercherie dans la naissance de l'enfant qu'on attendait. Alors on
introduisit le prince Napoléon, le prince Lucien Murat, le ministre d'État
de la maison de l'Empereur Achille Fould, le garde des sceaux Abbatucci.
C'était un peu l'avenir du prince Napoléon qui allait se jouer dans quelques
instants ; quand il sortirait de cette chambre, serait-il encore l'héritier du
trône ?

Malgré ses douleurs, l'Impératrice remarquait ce qui se passait autour
d'elle ; bien des années plus tard, elle racontait à Ernest Lavisse qu'elle
s'était sentie « observée surtout par le monocle intense du prince Napoléon. »
Enfin l'enfant vint au monde, après une intervention mécanique, qui était
devenue indispensable ; il était environ trois heures et demie du matin. Il y
eut dans l'assistance un grand moment de curiosité et d'émotion. La jeune
mère jeta vers l'Empereur un regard d'inquiétude. « C'est une fille ? »
demanda-t-elle très bas. « Non, » répondit l'Empereur. Alors, l'Impératrice,
d'une voix dont le timbre avait complètement changé : « C'est un garçon ! »
Et à ce cri de triomphe, voici que l'Empereur, à qui sa joie intense troublait
les esprits, fit la même réponse qu'à la première question : « Non. » —
« Mais alors, qu'est-ce que c'est ? » dit la malheureuse mère, que la distraction de son mari plongea pour un instant dans l'amertume de la déception.
Elle aurait été fixée plus tôt et sans chance d'erreur, si elle avait aperçu au
moment même le monocle du cousin de l'Empereur. Dès que le sexe de l'enfant fut connu, le prince Napoléon ne fit rien pour dissimuler sa mauvaise
humeur ; il se mit à bouder et ne parla plus à personne. Sous un prétexte
quelconque, il n'assista pas à l'ondoiement du nouveau-né. Sa sœur, quelques
jours plus tard, disait à un intime, qu'il était « toujours furibond de la naissance du Prince impérial. »

Cent un coups de canon apprirent aux Parisiens la grande nouvelle :
le restaurateur de l'Empire avait un fils. Quel titre allait-on donner à ce
nouveau roi de Rome ? Le bruit courut d'abord qu'on l'appellerait le roi
d'Alger ; mais il ne fut jamais connu que sous le titre de Prince impérial.
Dans le langage courant, on l'appelait de ce nom familier : le petit Prince.
Quatorze jours après sa naissance, le 3o mars, le congrès signait l'acte final
du traité de Paris. Le succès de la politique extérieure s'ajoutait à la joie
dynastique de l'Empereur et de l'Impératrice.

Le 15 juin, le baptême du Prince impérial, Napoléon-Eugène-Louis-

Joseph, fut célébré à Notre-Dame ; l'enfant eut pour parrain le pape Pie IX,
pour marraine la reine Joséphine de Suède, cousine germaine de Napoléon III.

Les exigences de la vie de cour n'empêchèrent jamais l'Impératrice de
s'acquitter elle-même de tous les devoirs de l'affection maternelle. Un personnel spécial, attaché au petit Prince, s'occupait de lui avec la plus grande
vigilance, comme le docteur Corvisart et une bonne anglaise miss Shaw,
qui contracta pour l'enfant une sorte de culte ; cependant l'Impératrice ne se
déchargeait sur personne du soin de surveiller sa santé ; à la moindre indis-
position, elle était à son chevet. Cette sollicitude fut même un jour l'occasion
d'une petite scène de ménage.

L'ouverture des Chambres au mois de novembre 1867 avait à l'avance
le caractère d'un grand événement ; la situation générale de l'Europe ne laissait
pas de faire naître beaucoup d'appréhension. Cette séance allait se tenir en
grand apparat. L'Empereur et l'Impératrice devaient avoir avec eux le Prince
impérial, qui était alors dans sa douzième année et qui commençait ainsi son
apprentissage de la vie officielle. Des bruits fâcheux avaient couru sur sa
santé, à la suite d'une maladie récente ; ses parents tenaient à montrer qu'il
n'en était rien. Le Prince était habillé d'un costume de gala, sous lequel
il avait le meilleur aspect : blouse de velours noir, barrée par le grand cordon
de la Légion d'honneur, bas de soie rouge. Le cortège impérial allait partir,
pour se rendre des Tuileries dans la salle des États, au Louvre, où la foule
était grande des sénateurs, des députés, des personnages officiels. Tout à coup,
le Prince est sur le point de se trouver mal ; son visage est défait et mortelle-
ment pâle. L'excellente miss Schaw, qui a perdu la tête, prétend que le petit
Prince a reçu la veille un violent coup de ses camarades de jeux ; c'est la faute
au docteur Corvisart, qui les excite. L'Empereur, en colère comme il ne le fut
jamais, accable Corvisart de reproches. Seule, l'Impératrice garde son sang-
froid. « Vous êtes stupide ! » dit-elle à son mari. « Il faut connaître les faits
avant de se fâcher. Miss Shaw ne sait pas ce qu'elle dit. » Tout s'expliqua
immédiatement par des hoquets répétés de l'enfant : il avait une indigestion,
et c'était tout. Vite on répara le désordre de sa toilette. Le cortège se mit en
marche. Des vivats saluèrent les trois membres de la famille impériale, à
leur entrée dans la salle des États. Du haut de son trône, au milieu d'un
silence religieux, le « stupide » de tout à l'heure prononça son discours. L'impression des assistants fut excellente. Au retour, Leurs Majestés se félicitèrent
de la séance, qui avait été parfaite ; le Prince impérial, dans son rôle muet,
avait produit le meilleur effet.

Le général Frossard avait été nommé gouverneur du Prince impérial. Un
premier précepteur, Francis Monnier, ne resta que peu de temps à la cour

des Tuileries ; en 1867, il fut remplacé par Augustin Filon, dont le nom restera dans l'histoire inséparable du nom de son élève. L'intimité dans laquelle Augustin Filon vécut avec la famille impériale, en France et en Angleterre, lui a permis d'écrire deux livres d'un intérêt émouvant et d'une information sûre, *le Prince impérial* et *Souvenirs sur l'Impératrice Eugénie*.

L'Impératrice ne s'intéresssait pas moins à l'éducation de son fils qu'à sa santé. Elle avait à cet égard des idées très larges et très justes. Ce qui la la préoccupait avant tout, c'était l'éducation du caractère. Meubler l'esprit de son fils, le familiariser avec les Grecs et les Romains, cela, pensait-elle, était fort bien ; mais il y avait plus et mieux à faire. Chez son fils, qui aurait un jour à « vouloir » pour des millions d'hommes, ce qu'il importait de susciter, c'était l'esprit d'initiative, l'indépendance du jugement, « le courage de penser, disait-elle, qui précède le courage d'agir. » Elle voulait aussi le mettre en présence des réalités ; il fallait lui faire voir et toucher du doigt la misère : « sait-il seulement ce que c'est qu'un pauvre ? »

Cette éducation fut brusquement interrompue par les événements de 1870, quand le Prince avait quatorze ans et demi ; elle reprit sur la terre d'exil, dans des conditions singulièrement différentes. L'Impératrice avait-elle prévu pour son fils les duretés de la vie ? Il semble bien qu'elle ait été portée à donner à cette éducation une tournure plutôt sévère ; encore faut-il s'entendre à cet égard. Par rapport à l'Empereur, qui était fataliste en cela comme en toutes choses, d'une nature assez insouciante, qui ne voyait guère son fils que pour lui passer ses fantaisies et le gâter, le sérieux que l'Impératrice apportait aux relations avec le Prince, comparé à cet excès d'indulgence, semblait presque de la sévérité. Que n'a-t-on pas dit sur le manque de douceur, sur la froideur, sur l'esprit d'économie, qu'elle aurait apportés dans sa conduite avec son fils, devenu un jeune homme, lors de leur séjour en Angleterre ? On a prétendu que le Prince en aurait souffert, jusqu'à prendre la détermination qui devait lui coûter la vie. Ce sont là des sottises, inventées par la calomnie et accréditées par l'ignorance. Il n'y eut pas d'affection plus douce, plus confiante, de part et d'autre, que celle qui lia cette mère et ce fils. La mère ne perdit jamais de vue que tout l'avenir de la dynastie reposait sur les épaules de cet enfant, l'unique héritier du nom ; elle se préoccupa de le préparer d'une manière sérieuse à cette tâche que les circonstances, même avant la chute de l'Empire, annonçaient comme très difficile. C'est là l'explication de cette sévérité apparente dans son rôle d'éducatrice ; elle est toute à son honneur.

V

LA PERSONNE DE L'IMPÉRATRICE

L'historien de *Mérimée et ses amis* a dit du mariage de l'Impératrice :
« Ce trône décerné comme un prix de beauté, cette couronne offerte à genoux
par un souverain amoureux, avait à la fois le charme d'une très ancienne
chose et le prestige d'une chose très nouvelle. » C'était bien un prix de beauté
qui venait d'être décerné à la nouvelle impératrice des Français, car cette
femme était belle, très belle. Ses nombreuses images sur la toile ou sur le
marbre, en particulier ses portraits par Winterhalter, en témoignent suffi-
samment. Images de la complaisance officielle, pourra-t-on dire ; mais les
témoignages écrits des contemporains offrent à cet égard une unanimité qui
est rare, quand il s'agit de la personne physique d'une femme.

Le Dʳ Barthez, qui fut attaché à la famille impériale, parlait ainsi de
l'Impératrice, en 1856, dans une lettre privée qu'il adressait à sa femme :

« Aucun portrait ne donne une idée exacte de ce qu'elle est. Elle est plus
jolie, plus belle, plus gracieuse, plus vivante qu'aucun de ceux que j'ai vus.
Dans toutes les parties de son corps, elle est d'une remarquable pureté et déli-
catesse de construction. Ses épaules, larges et bien faites, tombent avec grâce ;
sa poitrine, qu'elle montre un peu trop et trop souvent, est délicieusement
placée et modelée. Son teint est, en général, un peu pâle ; mais, lorsque,
sous l'influence d'une émotion, sa peau douce, fine et blanche se colore, les
teintes dont se couvrent sa poitrine, son cou et sa figure sont si délicates,
si délicieuses, si bien placées qu'il est impossible de n'en être pas ému...
C'est en tout une femme de race, dont le type est à la fois charmant et
distingué... Le soir, elle est éblouissante de jeunesse et de beauté. »

L'auteur des *Souvenirs intimes de la cour des Tuileries*, Mᵐᵉ Carette, ne
cessa d'avoir pour l'Impératrice des sentiments d'admiration et d'attachement ; mais il n'était pas besoin d'être une amie très dévouée pour signer
une description, dont chaque trait pourrait se justifier par d'autres plumes
que la sienne.

« L'Impératrice, dit-elle, était d'une taille au-dessus de la moyenne, plutôt
grande. Ses traits étaient réguliers, et la ligne, extrêmement délicate, du
profil avait la perfection d'une médaille antique, avec quelque chose d'intra-
duisible, un charme tout personnel, un peu étrange même, qui faisait qu'on
ne pouvait la comparer à aucune autre femme. Le front, élevé et droit, était
resserré aux tempes. Les sourcils, longs et déliés, avaient un peu d'obliquité.
Les paupières, souvent abaissées, suivaient la ligne des sourcils voilant les
yeux assez rapprochés, ce qui était un trait particulier de la physionomie
de l'Impératrice : deux beaux yeux, d'un bleu vif et profond, enveloppés
d'ombre, pleins d'âme, d'énergie et de douceur; ces yeux seuls auraient
rendu un visage remarquable. Le nez, mince à la racine, de proportion
parfaite, aux narines finement decoupées, était de race aristocratique. La
bouche, fort petite, avait des contours pleins de grâce, et cette bouche
charmante s'animait d'un irrésistible sourire. Les dents étaient éclatantes,
le menton délicatement arrondi, l'ovale allongé avec un peu de rondeur dans
le bas des joues, le teint brillant et d'une blancheur transparente. La peau
très fine laissait percevoir le réseau des veines et faisait penser au sang bleu
de l'antique noblesse espagnole. L'attache du cou long et délicat était parfaite. Les épaules, la poitrine et les bras rappelaient les plus belles statues.
La taille était étroite et très ronde, les mains fluettes, les pieds plus petits
que les pieds d'une enfant de douze ans. De la noblesse avec beaucoup de
grâce dans le maintien, une distinction native, une démarche aisée et souple ;
par-dessus tout, une harmonie complète entre la personne physique et la
personne morale : c'était là, je crois, le secret d'un charme incomparable. »

La grâce, « plus belle encore que la beauté, » était, en effet, un don naturel
de l'Impératrice. Rien n'était comparable à elle dans la manière de marcher,
de saluer, de faire une révérence ; de la révérence, a-t-on dit, « elle avait fait
une chose d'art. » « L'un des moments, » a écrit un témoin, « où l'Impératrice
est le plus à son avantage et où elle enlève forcément les cœurs, est celui où
elle entre dans le salon garni de monde. Elle a alors un air de douceur, de
modestie et même de timidité, qui est ravissant. »

Lord Malmesbury, dans les *Mémoires d'un ancien ministre*, note ceci,
à la date du 20 mars 1853 : « J'ai dîné aux Tuileries. J'étais placé à côté
de l'Impératrice. Elle est toujours fort belle ; elle a un buste et des épaules
magnifiques, des pieds très petits, des mains charmantes et des cheveux
châtain clair. Elle parle l'anglais couramment et s'adresse à l'Empereur
dans cette langue quand elle ne veut pas être entendue. Ils ont fait cela
deux ou trois fois, oubliant ma présence et ont ri de bon cœur de leur
méprise. » A un autre dîner aux Tuileries, le 19 mai 1870, « l'Empereur,

dit-il, me fit placer à côté de l'Impératrice, dont je pus admirer les épaules toujours magnifiques. »

Dans *Mon séjour aux Tuileries*, la comtesse de Tascher de la Pagerie parle ainsi de l'Impératrice : « L'harmonie délicate et distinguée de ses proportions est incontestable. Elles auraient pu servir de modèle à un sculpteur pour une Hébé ou une Psyché, tant les lignes sont correctes et fines. Svelte, souple dans ses mouvements, je trouvais que la grâce et la distinction la plus exquise étaient réunies dans sa personne. »

C'était pour sa beauté, pour toute la séduction qui se dégageait de sa personne, que la comtesse de Teba était devenue l'impératrice des Français. Cette beauté et ce charme ne lui firent jamais défaut. Même dans les dernières années de sa vie, dans sa retraite de Farnborough-Hill, c'était toujours la même séduction dans les manières, la même souplesse dans la taille, la même dignité de grande dame dans la façon de se présenter. Rien de factice dans les traits de eette figure, même quand les cheveux eurent perdu leur ton châtain clair et furent devenus tout blancs. Le seul artifice qu'ait jamais employé l'Impératrice, ce fut de souligner les cils de la paupière inférieure d'un coup de crayon noir, très appuyé ; même, dans la vieillesse, quand le visage était très pâle, le contraste de ce trait noir au voisinage des yeux donnait à l'ensemble de la physionomie quelque chose de très caractéristique.

Si la beauté de l'Impératrice lui avait valu un trône, elle ne fut pas capable de lui assurer la fidélité de son époux. L'Empereur reconnaissait les mérites de sa femme ; quelques mois après son mariage, il disait avec sincérité : « Aucune femme ne pouvait mieux me convenir ; elle est dévouée, elle est enjouée, elle est bonne et elle est spirituelle. » C'était encore le temps où l'amour parait la jeune épouse de toutes les qualités. Mais la nature assez volage de l'Empereur se laissa aller, au cours de son règne, à maintes « distractions. » La chronique galante citait bien des noms de femme, de l'entourage même de l'Impératrice ou n'appartenant pas à la cour des Tuileries. Pendant quelque temps, on parla volontiers de la comtesse de Castiglione, célèbre par sa beauté sculpturale, « Narcisse femelle, » a dit un contemporain, « en admiration devant sa propre beauté. » L'Impératrice souffrit beaucoup, dans sa dignité d'épouse et de souveraine, des infidélités de son mari ; elle ne lui ménagea pas les reproches ; des scènes pénibles se produisirent ; des voyages qu'elle décida parfois à l'improviste furent, pour son âme blessée, des diversions passagères. Pour lui, en mari volage, sa conscience accommodante ne manquait pas de raisons pour expliquer sa conduite, et il était surpris que sa femme en éprouvât de la peine.

Un jour, dans les années de veuvage de Farnborough, la conversation entre elle et Augustin Filon tomba sur ce sujet délicat, à propos d'un livre qui allait paraître sur la vie privée de Napoléon III. L'Impératrice croyait moins à l'action impérieuse des sens qu'à une sorte de lassitude et à la curiosité qui souvent l'accompagne. « C'est la *sameness*, dit-elle, la fatale *sameness*, en un mot la monotonie. On est si bien habitué à agir, à parler de même, à penser et à sentir ensemble, qu'on n'offre plus d'intérêt à son compagnon· Alors l'homme s'éloigne. » — « Pour un temps, reprit Filon, mais il revient. Il est ramené par la douleur, par l'épreuve, à la seule qui l'ait compris, qui l'ait aimé. » Et l'Impératrice de répondre tristement : « Je le crois. »

Les soupirants n'avaient pas manqué à la souveraine des Tuileries ; peut-être ne lui déplaisait-il pas de voir autour d'elle un cercle d'adorateurs et de dévots, qui étaient loin d'être les premiers venus. Le comte de Goltz, ministre de Prusse, le comte de Beust, chancelier d'Autriche-Hongrie, un professeur de philosophie à la Sorbonne dont l'éloquence mondaine était en grand renom, bien d'autres encore, faillirent perdre un peu de leur raison à approcher cette femme qui était comme la statue vivante de Psyché. Le cousin de l'Empereur, le prince Napoléon, avait ressenti pour elle un très vif attrait; il dut se convaincre bientôt que ses assiduités étaient vaines. L'Impératrice fut très courtisée pendant toute la durée de son règne, et comment ne l'aurait-elle pas été, avec sa beauté et surtout avec sa grâce? Mais sa conduite ne donna jamais prise au plus léger soupçon.

VI

LE CARACTÈRE DE L'IMPÉRATRICE

Mme Adam a rapporté comme il suit une conversation qu'elle eut avec le docteur Maure, qui avait beaucoup fréquenté à Cannes Prosper Mérimée, le grand ami de l'Impératrice et de sa mère.

« J'étais très curieuse, dit-elle, de savoir ce que Mérimée disait de l'Impératrice, et je harcelai le docteur Maure de mes questions. Le malheureux se faisait tirer l'oreille.

« — Voyons, docteur, la trouve-t-il intelligente ?

« — Il veut qu'elle le soit.

« — Il veut, il veut ! Justement, pour vouloir, il faut un effort. Donc, il ne dit pas simplement, lorsque vous l'interrogez : Oui, elle est intelligente.

« — Il dit oui et ajoute : Elle a une mémoire merveilleuse.

« — Suppléante, docteur ?

« — Comment, suppléante ?

« — Mémoire merveilleuse, qui supplée à l'intelligence.

« — C'est comme vous voudrez. Mérimée n'étant pas là, je ne suis pas tenu de combattre votre opinion ; mais, si je résume les impressions recueillies de-ci de-là dans mes conversations avec Mérimée, je crois l'Impératrice séduisante, enchanteresse, mobile, femme autant qu'on peut l'être, plus ondoyante et plus diverse que l'homme de Montaigne, et, avec cela (notez ceci) d'une fidélité absolue. Pas du tout prodigue comme on le prétend, plutôt le contraire.

« — Est-ce que Mérimée approuve ses façons d'être à certains jours, les chansons, la direction mondaine qu'elle subit de Mme de Metternich ?

« — Ma chère enfant, vous allez m'arracher des confidences intimes. L'Impératrice aime son époux et elle a un chagrin mortel quand il la délaisse ; alors elle cherche les distractions à tout prix, la diversité des sensations qui lui font oublier un instant ses tristesses conjugales. Théâtre, petits jeux, chansons, parties de campagne, elle use de tout.

« — Et comme mère, quelle est-elle ?

« — Parfaite. Elle élève admirablement le Prince impérial, écartant de lui tout ce qui exciterait sa vanité, le voulant instruit et non bourré de savoir. Bref, elle a, comme nous tous, qualités et défauts. Il me semble, depuis que j'ai lu quelques lettres d'elle à Mérimée, que les qualités dominent.

« — Eh! mais, docteur, quoique ami de M. Thiers, quoique vieux libéral, quoique orléaniste, il me semble que Mérimée vous a fait aimer l'Impératrice?

« — Non, apprécier. »

Ce qu'on pouvait apprécier en elle, c'était un goût marqué pour les choses de l'esprit, une curiosité naturelle de connaître, une érudition peu commune chez une femme. Elle aimait beaucoup à lire, surtout les ouvrages d'histoire, de philosophie, de science ; elle en faisait des résumés pour elle-même. « La fantaisie lui était venue, » rapporte Jules Simon, « une noble fantaisie et bien digne du rang qu'elle occupait, de se faire enseigner l'histoire de France. Elle demanda un maître à M. Duruy, qui lui désigna Fustel de Coulanges. Fustel de Coulanges était indépendant. Cette indépendance ne l'empêcha pas de réussir. L'Impératrice, et c'est un hommage à lui rendre, goûta beaucoup les leçons du jeune maître. » Ces leçons se prenaient dans la bibliothèque des Tuileries, devant l'embrasure d'une large fenêtre. L'auteur de *la Cité antique*, en habit noir, commença ses conférences par un tableau des sociétés primitives, en particulier de la vieille civilisation égyptienne. Son auditoire se composait de cinq ou six femmes ou jeunes filles, groupées autour de l'Impératrice ; l'Empereur assista à quelques-unes de ses leçons. Pour ceux qui ont connu la probité scientifique de Fustel de Coulanges, il est certain que la nature de l'auditoire n'enlevait rien au sérieux et à l'autorité de sa parole.

Victor Cousin publiait alors, de 1853 à 1865, ses études sur les grandes dames et la société française au milieu du XVIIe siècle ; il les adressa à l'Impératrice. Elle l'en remercia par une lettre qui fut une des dernières joies du grand écrivain et que Mérimée, au dire de Filon, trouvait très jolie.

Sur les listes des invités de Compiègne, à côté des noms des savants, des philosophes, des artistes, on peut relever les noms de presque tous les écrivains de l'époque, Augier, Vigny, Sandeau, Arsène Houssaye, Flaubert, Théophile Gautier, Alexandre Dumas, Ponsard, Sardou, About ; mais, parmi ces invités, deux avaient les sympathies littéraires de l'Impératrice, Mérimée et Feuillet. Le premier bénéficiait certainement à ses yeux de ses souvenirs d'enfance ; elle goûtait, d'autre part, l'habileté avec laquelle il savait trouver dans un petit fait la matière de tout un récit, comme elle goûtait le mélange de précision et d'ironie dans tout ce qui sortait de sa plume. Un soir, à Saint-Cloud, pendant l'été de 1869, elle se fit lire par son auteur favori la nouvelle intitulée *Lokis,* la dernière qu'il ait écrite, et elle y prit un vif plaisir. Pour

Octave Feuillet, son « sentimentalisme de bon ton » et les aventures de ses héroïnes convenaient aux tendances de l'esprit de l'Impératrice, c'est-à dire une manière de sentir, malgré tout, un peu bourgeoise, le goût des épisodes romanesques, comme aussi l'admiration pour les personnages qui finissent en beauté.

Dans la vie de société, l'Impératrice avait une qualité précieuse pour une femme de son rang : elle causait d'une manière fort attachante. Après une soirée de Biarritz, en septembre 1863, le D' Barthez écrivait à sa femme : « J'aurais bien voulu te donner le résumé d'une conversation très intéressante, qui a eu lieu hier entre l'Impératrice et MM. Panizzi et Mérimée. Il s'agissait du prince Napoléon... Quelle verve ! quel entrain ! et quel genre agréable de conversation, dont rien de ce qui nous entoure ne peut donner l'idée. Pendant une heure et demie qu'elle a duré, l'Impératrice nous a tenus sous le charme de sa parole vive, brillante, imagée, nous disant les choses les plus intéressantes, se relevant avec énergie sous la réplique calme et spirituelle de ses interlocuteurs. C'est la deuxième fois depuis huit jours que j'assiste à cette espèce de tournoi de la parole, et je suis encore sous le charme de cette belle et bonne conversation. » A cet égard, le contraste était grand entre les deux époux. L'Empereur parlait peu, à voix basse, sans animation ni émotion. L'Impératrice apportait dans sa causerie une sorte de passion ; ses intimes voyaient se succéder en quelques instants, sur les traits mobiles de sa physionomie, les sentiments les plus divers, la joie, la colère, l'admiration, le mépris et, avant tout, un extrême besoin d'activité intellectuelle ; elle posait autour d'elle questions sur questions et, quand la réponse était à son goût, c'était une expression de contentement qu'elle ne cherchait pas à dissimuler. Car, dans le cadre de l'intimité où elle n'avait pas à jouer au personnage officiel, elle était très volontiers en dehors.

Ernest Lavisse, qui avait remarqué sa vivacité d'esprit, sa facilité de passer d'un sujet à un autre, a noté d'elle quelques sentences bien frappées, qui lui venaient au cours de sa conversation primesautière, comme celles-ci : « Un coup d'État est un boulet qu'on traîne et qui finit par vous paralyser la jambe. » « En France, au commencement, on peut tout faire ; au bout d'un certain temps, on ne peut plus se moucher. » Il avait gardé le souvenir d'un récit qu'elle lui avait fait d'un combat de cerfs. Les bêtes se ruant l'une sur l'autre dans une rage folle, enchevêtrant et brisant leurs andouillers au milieu de soubresauts scandés par des bramements de fureur et finissant par mourir toutes deux dans ce duel sans merci : il paraît que le récit, fait d'une voix passionnée, égalait la beauté de ce drame sauvage. Et la narratrice avait conclu mélancoliquement

par cette réflexion désenchantée : « Les cerfs savent ce que c'est que
l'amour ; peut-être les hommes primitifs le savaient aussi ; mais les hommes
d'aujourd'hui !... »

L'Impératrice avait-elle des goûts artistiques ? On peut citer à cet égard
quelques témoignages en sa faveur ; à vrai dire, il ne semble pas que cela ait
été le meilleur côté de son esprit. Si elle connaissait la musique, elle ne l'aimait
pas. Nos opéras-comiques lui paraissaient un genre assez insipide. « Quand
on commence à s'intéresser à ce qu'ils disent, ils se mettent à chanter et, quand
on commence à s'intéresser à ce qu'ils chantent, ils se mettent à parler. » Un
jour, en Angleterre, la musique d'un régiment de highlanders joua en son honneur *Partant pour la Syrie* ; elle crut que c'était *God save the Queen* ; quand on
lui eut signalé son erreur, elle fut au regret de n'avoir pas remercié les
musiciens qui avaient joué à son intention l'air favori de la reine Hortense.
Faut-il en conclure qu'elle était incapable de distinguer un air d'un autre ? Ne
peut-on admettre une distraction ? Pendant dix-huit ans d'empire, ses oreilles
avaient dû être faites à l'air du beau Dunois. « O ma mère, disait Napoléon III, qui entendait à tout propos ce morceau, vous ne savez pas ce que
vous avez fait le jour où vous avez composé l'air de *la Reine Hortense* ! »

Le dessin avait fait partie de son éducation de jeune fille, elle avait une
certaine habileté dans l'aquarelle ; cependant elle racontait elle-même cette
anecdote. Quand elle habitait Paris avec sa mère et sa sœur, le premier mot
d'un ami, qui était venu les voir, fut : « Ah ! comme on voit bien que vous êtes
en garni ! — Et à quoi cela se voit-il ? — Mais à ces croûtes sur les murs. »
« Ces croûtes », ajoutait l'Impératrice, « c'étaient mes aquarelles. » Elle maniait
le crayon, paraît-il, avec une certaine habileté, si bien qu'il lui prit fantaisie de
concourir *incognito* pour les projets du nouvel Opéra, en 1861 ; elle demanda au
ministre d'État, qui était dans la confidence, de lui envoyer un jeune architecte
« pour traduire en architecture son mauvais croquis. » Il ne semble pas que
cette fantaisie anonyme ait jamais retenu l'attention du jury.

Le projet de Charles Garnier fut primé. L'architecte fut invité à venir
montrer à l'Empereur et à l'Impératrice les plans qu'il avait proposés pour
l'Opéra à construire. L'Impératrice — était-ce par jalousie ? — ne les trouva
pas à son goût et ne s'en cacha pas. « Qu'est-ce que ce style-là ? dit-elle.
Ce n'est pas un style ; ce n'est pas du grec, ni du Louis XV, ni du Louis XVI. »
L'artiste, assez vexé, lui répondit : « Non, non ! Ces styles-là ont fait leur
temps. C'est du Napoléon III, et vous vous plaignez ! » Alors, d'une épaisse
moustache, à voix basse, sortirent ces mots à l'adresse du malheureux
architecte : « Ne vous tourmentez pas : elle n'y connaît rien du tout. »

Quelques semaines plus tard, Garnier était reçu à Compiègne. « Avouez, monsieur Garnier, » lui dit l'Impératrice en souriant, « que j'ai été bien désagréable pour vous. Je le regrette maintenant. » Et l'architecte, courtisan à sa manière, de répondre : « Oui, Madame, Votre Majesté a été odieuse. »

Le lendemain même de son mariage, l'Impératrice avait demandé à l'Empereur de la conduire à Versailles. Ils s'y rendirent, comme un couple d'amoureux, tout seuls, dans une voiture que l'Empereur conduisait lui-même. Ce que la jeune femme désirait voir, ce n'étaient pas les splendeurs des grands appartements de Louis XIV ; ce qui l'attirait, c'était l'intimité même de la vie de Marie-Antoinette. A Versailles et surtout au petit Trianon, elle visita, avec un respect religieux, les pièces où s'était écoulée la vie de la fille de Marie-Thérèse, à l'époque où elle était une jeune reine, heureuse et insouciante. Elle fit réunir plus tard à Trianon tous les objets qui avaient appartenu à la reine ; aux Tuileries aussi, des meubles et des objets de prix lui rappelaient la souveraine à laquelle elle ne cessait de penser. Elle avait toujours sur sa table le livre d'heures qui avait servi à la reine ; le 4 septembre, dans la précipitation du départ, elle l'avait oublié. Metternich, l'ambassadeur d'Autriche, put le retrouver et le lui faire parvenir. D'avoir retrouvé cette relique précieuse, ce fut pour l'Impératrice en exil une consolation.

Ce culte pour la reine que la Révolution envoya à l'échafaud fut chez la femme de Napoléon III un trait dominant de son caractère, qui se révélait de diverses manières dans la vie courante. « C'est le même goût, dit un témoin, des amusements familiers, la même passion d'arranger, de plaire, d'orner, de déménager, la même animation entrecoupée de mélancolies courtes et de dégoûts. » Elle ressemblait aussi à la reine de sa prédilection par le courage dont elle ne cessa de faire preuve en face du danger. Mérimée lui conseillait de prendre des précautions quand elle sortait, quand elle se montrait en public, pour déjouer des attentats toujours possibles. « Si nous pensions à cela, lui répondit-elle, nous ne dormirions pas. Le mieux est de n'y pas songer et de se fier à la Providence. »

Le 14 janvier 1858, au moment où la voiture de l'Empereur et de l'Impératrice arrivait à l'Opéra, qui était alors rue Le Peletier, trois bombes firent explosion. On ramassa deux morts et de nombreux blessés. Il y eut un moment de panique épouvantable. L'Impératrice, dont la robe de satin blanc avait été éclaboussée de sang, ne perdit pas une minute son sang froid. A ceux qui s'empressaient autour d'elle et de l'Empereur, elle dit, d'un ton très calme : « Ne vous occupez pas de nous : c'est notre métier. Occupez-vous des blessés. » La représentation, qui était donnée pour la retraite du

chanteur Massol, eut lieu suivant le programme ; les souverains y assistèrent
jusqu'à la fin. De retour aux Tuileries, à minuit, l'Impératrice accueillit,
avec sa grâce habituelle, les personnes venues pour la féliciter d'avoir
échappé à un si grand danger. Enfin, rendue à elle-même, elle put courir
à la chambre du Prince impérial, et, prenant dans ses bras cet enfant qui
n'avait pas encore deux ans, elle se laissa — alors seulement — vaincre par
l'émotion.

Orsini était le principal auteur de cet attentat. Les débats du procès
révélèrent en lui une personnalité à part, chez laquelle l'intelligence marchait
de pair avec l'énergie ; il avait pris froidement la résolution de tuer l'Empereur, parce qu'il voyait en Napoléon III un obstacle à l'affranchissement de
l'Italie. Son attitude devant le jury, le calme avec lequel il réclama pour lui toute
la responsabilité du crime, la lettre qu'il adressa à l'Empereur pour l'adjurer
de rendre l'indépendance à l'Italie, tout cela avait produit comme un revire-
ment en sa faveur. Par une inconséquence assez singulière, l'Impératrice se
prit de pitié pour lui. Il avait été condamné à mort ; elle voulut avoir sa
grâce ; cette grâce porterait bonheur à son fils. « Ce qui a poussé Orsini à
l'assassinat, disait-elle, c'est l'exaltation d'un sentiment généreux. Il aime
la liberté avec passion et il déteste non moins énergiquement les oppresseurs
de son pays... Ce n'est pas un assassin vulgaire ; c'est un homme hardi, fier,
qui a mon estime. » D'un ton tranquille, l'Empereur l'interrompit : « Vous
allez bien loin, ma chère ; prenez garde, voyez à qui vous accordez votre
estime. »

VII

LES ŒUVRES DE CHARITÉ

Ces sentiments pour un criminel comme Orsini, cette disposition à invoquer pour lui les circonstances atténuantes provenaient beaucoup moins chez l'Impératrice d'un goût secret pour le paradoxe, qui ne fut jamais son affaire, que d'une sympathie naturelle pour tous les déshérités de la vie. Tout ce qui touchait à la situation des pauvres gens, des malheureux, des travailleurs, causait en elle une émotion sincère. Un jour, à Farnborough, elle disait à un visiteur : « Savez-vous que, de notre temps, l'Empereur et moi nous étions les deux seuls vrais socialistes de France ? » La part faite à l'exagération, on doit reconnaître que le « socialisme » de l'Impératrice eut, pendant toute la durée du règne, le caractère d'une charité agissante et pratique.

Au moment de son mariage, la commission municipale de Paris avait voté un crédit de six cent mille francs pour lui offrir une parure de diamants. La future impératrice s'empressa d'écrire au préfet de la Seine la lettre qui suit :

« Monsieur le Préfet, je suis bien touchée d'apprendre la généreuse décision du conseil municipal de Paris, qui manifeste ainsi son adhésion sympathique à l'union que l'Empereur contracte. J'éprouve néanmoins un sentiment pénible en pensant que le premier acte public qui s'attache à mon nom, au moment du mariage, soit une dépense considérable pour la ville de Paris. Permettez-moi donc de ne pas accepter votre don, quelque flatteur qu'il soit pour moi ; vous me rendrez plus heureuse en employant en charités la somme que vous avez fixée pour l'achat de la parure que le conseil municipal voulait m'offrir. Je désire que mon mariage ne soit l'occasion d'aucune charge nouvelle pour le pays auquel j'appartiens désormais, et la seule chose que j'ambitionne, c'est de partager avec l'Empereur l'amour et l'estime du peuple français.

« Je vous prie, Monsieur le Préfet, d'exprimer à votre conseil toute ma reconnaissance et de recevoir pour vous l'assurance de mes sentiments distingués. — Eugénie, comtesse de Teba.

« Palais de l'Élysée, le 26 janvier 1853. »

La commission municipale, en réponse à cette lettre, décida d'affecter les six cent mille francs à la fondation d'un établissement pour l'éducation professionnelle des jeunes filles pauvres ; l'établissement porterait le nom de l'Impératrice et serait placé sous sa protection.

Les fondations charitables, inspirées et patronnées par l'Impératrice, forment une liste, dont la longueur et la variété sont à l'honneur de la Souveraine : patronage des Sociétés de charité maternelle, pour donner des secours aux femmes en couches ; fondation de lits pour les incurables ; création à Dieppe de la Société de Notre-Dame de Bon-Secours, pour les marins vieux et infirmes ; création à Paris, dans le faubourg Saint-Antoine, d'un second hôpital d'enfants ; patronage des crèches et des salles d'asile ; fondation aux Eaux-Bonnes de l'Asile Sainte-Eugénie, pour les militaires et malades pauvres fréquentant cette station ; fondation de la Société des prêts de l'enfance au travail, dite Société du Prince impérial, qui groupait les enfants en association pour donner des secours aux travailleurs ; création et patronage de la Société centrale de sauvetage des naufragés ; patronage de huit établissements de bienfaisance, la maison de Charenton, l'institut des Jeunes Aveugles, l'institut des Sourds-Muets de Paris, l'institut des Sourdes-Muettes de Bordeaux, l'institut des Sourdes-Muettes de Chambéry, l'hospice du Mont-Genèvre, l'asile de convalescence de Vincennes, l'asile de convalescence du Vésinet ; don aux hospices de Lyon du château de Long-Chêne, pour un asile de convalescence ; ouverture de l'Hôpital-Napoléon à Berck-sur-Mer, pour le traitement des enfants scrofuleux. Napoléon Ier avait fait de sa mère la Protectrice de tous les établissements de bienfaisance et de charité de l'empire français ; c'est une surintendance du même genre qu'exerça pendant dix-sept ans la femme de Napoléon III. Toutes ces œuvres de charité sociale lui inspiraient une légitime fierté. « C'est là, » disait-elle avec raison, « qu'est l'honneur du règne. »

Cette bienfaisance, de caractère administratif, était comme une institution d'État, très efficace d'ailleurs pour ceux qui étaient appelés à en jouir ; mais l'Impératrice payait elle-même de sa personne, quand il s'agissait de venir en aide aux malheureux. Il lui arriva, à maintes reprises, dès qu'une grande infortune lui avait été signalée, de se rendre, comme une dame de charité, dans les taudis des familles miséreuses. Pour ne point se faire reconnaître, elle s'habillait en vieille dame ; elle prenait des lunettes, un grand chapeau, un voile épais ; ses deux nièces, dans une tenue analogue, l'accompagnaient ; les malheureux ne savaient pas qui était cette dame âgée, dont la visite, les bonnes paroles, les remèdes, un secours d'argent leur avaient apporté quelques moments de réconfort. Elle voulait que son fils connût lui-même la misère *de visu*, qu'on le menât dans les logis des quartiers excentriques. Elle disait à son précepteur : « Il ne sait pas ce que c'est que la misère. Il croit, probablement, que les pauvres sont des gens qui n'ont pas de voiture. Il faut absolument qu'il comprenne, qu'il se rende compte, qu'il écoute les récits de ces malheureux, dans lesquels il y a beaucoup de mensonge, mais encore plus de vérité. Il faut qu'il connaisse les affreux logis, sans air et sans pain, où le bonheur est impossible. Il ne peut pas régner s'il n'a pas vu cela. »

A deux reprises, en 1865 et en 1866, une épidémie de choléra ravagea Paris et plusieurs villes de la France du nord. L'Empereur était allé visiter les cholériques de l'Hôtel-Dieu, sans en avoir prévenu l'Impératrice, qui n'en fut informée qu'à son retour. Bien qu'elle fût souffrante elle-même, elle décida de faire en personne cette visite. Accompagnée de son écuyer, de son officier d'ordonnance et de sa lectrice, elle se rendit, le 23 octobre 1865, à l'hôpital Beaujon, à l'hôpital Lariboisière et à l'hôpital Saint-Antoine. S'arrêtant au chevet des malades et des agonisants, elle prodiguait les mots d'espoir que lui inspirait son immense pitié. « Oui, ma sœur, » lui dit un malade. « Mon ami, » lui répondit la sœur de charité, « ce n'est pas moi qui vous parle, c'est l'Impératrice. » L'Impératrice interrompit vivement : « Ne le reprenez pas, c'est le plus beau nom qu'il puisse me donner. »

En 1866, pour la même cause, l'Impératrice alla visiter les hôpitaux d'Amiens. Son indifférence à l'égard du danger, son mépris de la contagion quand elle tendait la main aux cholériques firent en France et à l'étranger une impression profonde. Des femmes allemandes lui envoyèrent une adresse, où elles exprimaient leur admiration. « Depuis l'immortel voyage d'Amiens, disaient-elles, le nom de l'Impératrice Eugénie est le symbole de la grande charité chrétienne. » A son retour à Paris, une foule immense l'attendait pour l'acclamer. Le maréchal Vaillant lui exprima l'admiration de tous. « Monsieur le maréchal, lui répondit-elle, c'est notre manière d'aller au feu. » Mgr Bauer, un prélat qui eut son heure de célébrité, prêchant en 1867 la station de carême aux Tuileries, rappela le geste d'Amiens. « Ce courage, s'écria-t-il, plus difficile et plus rare que celui des batailles, révèle quelque chose de viril, j'allais dire de chevaleresque, dans le cœur d'une femme. » Peu de temps après le voyage d'Amiens, l'Impératrice, accompagnée du Prince impérial, était allée visiter Nancy ; elle représentait l'Empereur aux fêtes du centième anniversaire de la réunion de la Lorraine à la France. Les ovations qui l'accueillirent furent extraordinaires. Chacun dans la foule voulait s'approcher d'elle, toucher ou baiser un bout de ses vêtements, comme on eût fait des reliques d'une sainte.

Un journal de propagande impérialiste, *le Dix Décembre*, publiait, dans son premier numéro (15 novembre 1868), un long portrait de l'Impératrice ; l'article, signé du nom de A. Grenier, était de l'Empereur lui-même. On y lisait ceci :

« La comtesse de Teba n'a pas disparu sous l'éclat de la couronne de France. L'Impératrice est restée avec distinction une femme de goûts simples et naturels. Après sa visite aux cholériques d'Amiens, rien ne parut la surprendre comme le murmure approbateur qui vint de toutes parts applaudir sa courageuse initiative. Elle avait fini par en être excédée. Le sort des classes malheureuses, surtout, éveille constamment son intérêt. Elle aime à s'occuper de ce qu'on appelle aujourd'hui les œuvres sociales. On sait avec quelle efficacité active elle est intervenue dans la réorganisation des prisons d'enfants, dans l'œuvre des sociétés de sauvetage, dans le régime des établissements de bienfaisance. Elle a fondé la Société des prêts de l'enfance au travail. Que de généreuses réformes elle poursuit encore avec une merveilleuse persévérance ! On retrouve toujours un peu chez elle la jeune phalanstérienne. La condition des femmes la préoccupe singulièrement... »

Ce surnom de phalanstérienne que rappelait l'Empereur avait été donné, avant son mariage, à Eugénie de Montijo par ses amis de Madrid, à une époque où la jeune fille s'était plongée avec passion dans les écrits de Fourier et où la théorie du phalanstère lui était apparue comme l'évangile d'une organisation nouvelle de la société.

VIII

LA VIE DE COUR

L'Impératrice habitait, au palais des Tuileries, les appartements du premier étage, qui prenaient jour sur le jardin et qui reliaient le pavillon de l'Horloge (pavillon central) au pavillon de Flore, le long de l'avenue Paul Déroulède actuelle; c'était une succession d'une dizaine de pièces en enfilade, dont les dégagements se faisaient surtout par les grands appartements de réception, qui donnaient, du côté opposé du château, sur la cour du Carrousel.

Une salle d'attente formait le salon des huissiers de l'Impératrice; c'était le domaine de M. Bignet, le chef des huissiers, qui s'était acquis la considération de tous par sa discrétion et sa ponctualité; les familiers l'avaient surnommé la treizième dame du palais. On passait ensuite dans le salon des dames, où les dames de la cour se tenaient pendant leur semaine de service, puis dans le salon pour les personnes qui attendaient d'être reçues, enfin dans le salon bleu où l'Impératrice donnait ses audiences. Ces trois salons étaient décorés avec une grande élégance; dans le salon bleu, l'Impératrice avait fait peindre, sur les trumeaux des boiseries, les portraits de plusieurs jolies femmes de la cour, la princesse Anna Murat, la duchesse de Morny, la duchesse de Malakoff, la comtesse Walewska, la duchesse de Cadore, la duchesse de Persigny.

Au delà du salon bleu, c'était le *home* même de l'Impératrice. D'abord son cabinet de travail; la table à écrire était installée dans l'angle d'une fenêtre et toute encadrée de souvenirs de famille et de photographies; dans une armoire vitrée se trouvaient les livres que l'Impératrice tenait à avoir sous la main; elle y déposait aussi tous les papiers qu'elle entendait garder et qu'elle classait avec le plus grand soin. « Je suis, disait-elle, comme une souris auprès de l'Empereur, pour ramasser toutes ses miettes. »

Après le palier d'un petit escalier intérieur, qui descendait dans les appartements de l'Empereur, situés au rez-de-chaussée, on pénétrait dans la bibliothèque; aux œuvres classiques de notre littérature, l'Impératrice, qui parlait l'anglais, l'espagnol et l'italien, avait fait joindre les chefs-d'œuvre

6

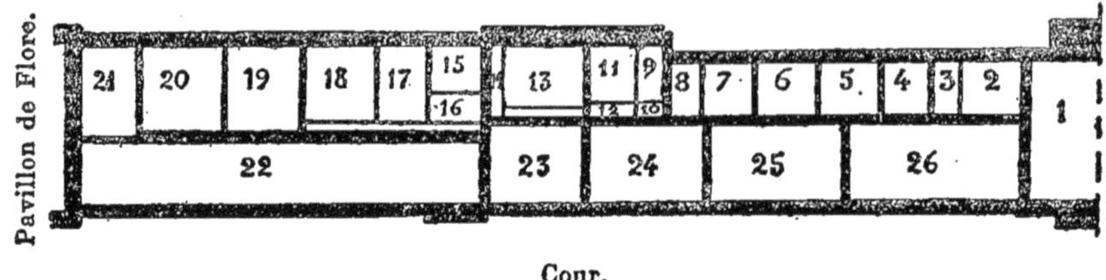

PREMIER ÉTAGE DES TUILERIES, AILE SUD

1, salon des Maréchaux. — 2 à 20, appartements de l'Impératrice : 2, escalier ; 3, salon des Huissiers ; 4, salon vert ; 5, salon rose ; 6, salon bleu ; 7, cabinet de travail ; 8, petit salon ; 9, salle de bains ; 10, escalier conduisant aux appartements de l'Empereur; 11, cabinet de toilette ; 12, dégagements ; 13, chambre à coucher ; 14, dégagements et petits escaliers ; 15, 17 à 20, salons divers, les trois derniers ayant servi d'appartement au Prince impérial vers 1868 ; 16, dégagements. — 21, escalier des appartements de réception. — 22, galerie de Diane. — 23, salon Louis XIV. — 24, salle du Trône. — 25, salon d'Apollon. — 26, salon du Premier Consul.

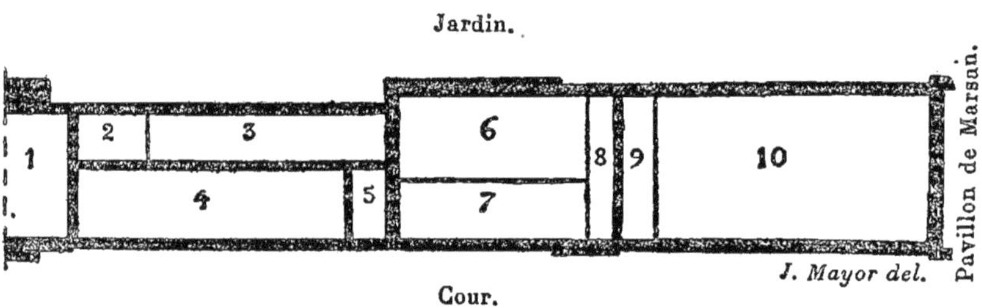

PREMIER ÉTAGE DES TUILERIES, AILE NORD

1, salon des Maréchaux. — 2, salon de la Colonne. — 3, grand escalier. — 4, salon de la Paix. — 5, antichambre du salon de la Paix. — 6, chapelle. — 7, salon de la chapelle ou salle des Travées. — 8, antichambre et galerie. — 9, galerie du Théâtre. — 10, théâtre.

Nous devons à l'amabilité de M. Henri Clouzot de pouvoir reproduire les deux plans ci-dessus empruntés à son Ouvrage, *Des Tuileries à Saint-Cloud. L'Art décoratif du Second Empire* (Payot, éditeur).

de ces littératures étrangères. Beaucoup de casiers servaient au classement des papiers.

De la bibliothèque une antichambre obscure s'ouvrait dans une sorte d'alcôve; on y avait disposé un autel. C'était l'oratoire où l'Impératrice aimait à se recueillir; elle y entendit la messe le matin du 4 septembre, quelques heures avant de quitter les Tuileries pour toujours.

Une grande pièce, avec trois grandes fenêtres, « où le Conseil d'État aurait pu délibérer, » servait de cabinet de toilette; glaces, lavabos, baignoire, table à coiffer, nécessaires, il y avait tout le confort d'une femme élégante. Un petit monte-charge, dissimulé dans une rosace du plafond, faisait communiquer cette pièce avec les dépendances de l'étage supérieur, où se trouvaient les services d'habillement de l'Impératrice; les ordres se donnaient par un tuyau acoustique qui reliait les deux étages.

On a beaucoup parlé du luxe de l'Impératrice pour sa toilette; il lui était difficile, on l'avouera, de s'habiller comme une petite bourgeoise; mais il faut reconnaître que tout son argent et tout son temps ne passaient pas chez le couturier et chez la modiste. Elle réformait sa garde-robe deux fois par an; de là, le bruit qu'elle ne portait jamais deux fois la même robe. A Farnborough, on faisait allusion un jour aux dépenses folles qu'on l'accusait d'avoir faites pour son entretien personnel. « Que tout cela est donc ridicule! dit-elle. C'est sans doute que les gens se croient obligés de dire quelque chose. Eh bien! à l'exception de quelques robes faites à l'occasion de grandes cérémonies, mes robes « politiques, » pendant tout le temps que j'ai passé aux Tuileries, je n'ai jamais porté de robe ayant coûté plus de quinze cents francs, et la plupart étaient beaucoup moins chères. »

La chambre à coucher, moins vaste que le cabinet de toilette, mais encore de grandes dimensions, terminait la suite des appartements de l'Impératrice. Pièce d'apparat, où elle passait juste le temps du sommeil; la pièce qui avait ses préférences, celle dans laquelle elle demeurait la majeure partie de ses journées à écrire, à lire, à classer, à causer, était son cabinet de travail.

Tel est le cadre dans lequel, pendant dix-sept ans, l'Impératrice fit son métier de souveraine. Situation difficile pour une « parvenue, » à la cour d'un « parvenu. » Les circonstances l'avaient fait entrer dans une société avec laquelle elle avait peu de points de ressemblance. « Autour d'elle, a-t-on dit, l'on riait ou l'on calculait, pendant qu'elle rêvait ou s'indignait; elle était profondément idéaliste au milieu d'une société profondément réaliste. » Ne comprenant pas son entourage, incomprise de lui, elle eut du moins le mérite de rester sur le trône ce qu'elle avait été dans la vie privée : point de morgue et un vif désir de plaire. Suivant le mot de la reine Christine, elle ne se tenait « ni trop haut ni trop bas. » La reine Victoria, qui la reçut à Londres en 1855, notait dans son journal : « Elle est pleine de courage et d'entrain et cependant si douce, avec tant d'innocence et d'enjouement que cela fait un ensemble tout à fait délicieux. Malgré toute sa vivacité, elle a les manières les plus charmantes et les plus modestes. »

Ses relations avec la famille de l'Empereur ne furent pas la partie la moins difficile de sa tâche. Le roi Jérôme et son fils, le prince Napoléon, n'avaient pas une vive sympathie pour le neveu et pour le cousin qui, plus entreprenant qu'eux-mêmes, était arrivé à restaurer l'Empire à son profit. Le mariage de l'Empereur avec une étrangère, qui n'était pas d'une dynastie régnante, ne trouva auprès d'eux qu'une approbation résignée. La naissance du Prince impérial ne fut pas pour le prince Napoléon un événement agréable. L'Impératrice était pieuse ; le prince affichait des allures de libre-penseur : les points de contact manquaient entre ces deux natures. Divers incidents mirent en évidence ce manque de sympathie.

Le 16 mars 1858, au deuxième anniversaire de la naissance du Prince impérial, on célébra aux Tuileries une messe d'action de grâces. Tous les membres de la famille impériale, présents et alliés, y assistèrent ; le prince Napoléon s'abstint de s'y montrer.

A Compiègne, le 14 novembre 1863, le jour de la fête de sainte Eugénie, le prince fut prévenu qu'il aurait à porter, au dîner, la santé de l'Impératrice. Au moment venu, il ne sortit pas de son silence. L'Empereur lui rappela alors ce qu'il lui avait demandé. « Je ne sais pas parler en public, » répondit le prince. « Alors, dit l'Empereur, vous ne voulez pas porter la santé de l'Impératrice ? — Si Votre Majesté veut bien m'excuser, je m'en dispenserai. » L'Empereur se tourna vers le prince Joachim Murat et le pria de remplacer le prince Napoléon. Le toast fut porté, et l'on sortit de table avec une gêne visible. L'Empereur eut ensuite un entretien avec son cousin et le pria de rentrer à Paris sans retard.

L'Impératrice eut sa revanche. En 1865, comme elle exerçait la régence, pendant un voyage de l'Empereur en Algérie, le prince Napoléon prononça à Ajaccio, le 15 mai, un discours pour l'inauguration du monument élevé à Napoléon Ier et à ses quatre frères. Les idées exprimées à cette occasion déplurent à l'Impératrice ; elle interdit de publier au *Moniteur* le texte des paroles d'Ajaccio. Le prince s'en consola, en écrivant à son amie George Sand : « Mon discours est tout simplement ce que je pense depuis que j'ai l'âge de raison, et je ne croyais pas qu'il soulèverait des orages et des violences. L'outrage me trouve très calme, la persécution de même. » L'affaire se termina par la double démission que donna le prince, de la vice-présidence du Conseil privé et de la présidence de la Commission de l'Exposition universelle.

En fait, l'unité manquait parmi les membres de la famille impériale ; comment s'en étonner avec la boutade que l'on prêtait à l'Empereur ? « Singulier gouvernement, disait-il, et singulière cour ! L'Impératrice est légitimiste ; Morny, orléaniste ; mon cousin Napoléon est républicain ; moi, je suis socialiste. Il n'y a que Persigny qui soit bonapartiste, et il est fou. »

Avec la princesse Mathilde, l'Impératrice avait des relations agréables. La sœur du prince Napoléon était le seul membre de la famille qui fût sincèrement dévoué à l'Empereur. La petite cour de Saint-Gratien ne se privait pas toujours de faire quelques commérages sur la cour des Tuileries ; il y eut quelques froissements entre l'Impératrice et la princesse, qui avait aux soirées des Tuileries sa cour de fidèles et à qui il arriva de recevoir la visite du grand-duc Constantin, avant que celui-ci eût présenté ses hommages au château. Mais, d'une manière générale, les deux femmes furent en parfaite intelligence ; il leur arrivait d'échanger des bijoux, de se combler de prévenances. Quand l'Impératrice se rendait en visite chez la cousine de l'Empereur, elle montrait la courtoisie la plus séduisante ; souvent elle l'invitait à venir passer la journée à Saint-Cloud dans l'intimité, en amenant les amis qui pouvaient se trouver chez elle.

L'Impératrice s'était tracé une règle de ne pas admettre de femme dans son intimité ; cependant elle s'en départit un peu à l'égard de la princesse Pauline de Metternich, femme de l'ambassadeur d'Autriche, le prince Richard de Metternich. La princesse, cette « jolie laide » qui eut une situation comme privilégiée à la cour des Tuileries, avait un attachement sincère pour l'Impératrice ; faisant allusion un jour au culte que la souveraine avait pour Marie-Antoinette, « Je voudrais, dit-elle, être sa princesse de Lamballe. » L'Impératrice la traitait avec des égards particuliers. A une réception aux Tuileries, elle avait engagé la conversation avec des étrangères nouvellement arrivées, sans faire attention aux femmes du corps diplomatique qui l'attendaient debout. La princesse, impatientée, se retira dans une pièce voisine. L'Impératrice, qui la cherchait, vint à elle. « Vous avez quitté le cercle, pourquoi donc ? » La princesse répondit que ce n'était pas sa personne qui était en cause, mais bien sa qualité d'ambassadrice d'Autriche. L'Impératrice lui répondit : « Vous avez raison, j'ai eu tort ; je ne sais quelle idée m'a passé par la tête. J'espère que vous n'êtes plus fâchée. » Et, lui tendant la main, avec un affectueux sourire : « Je ne le ferai plus. » Le geste était charmant.

Le prince de Metternich avait été nommé ambassadeur à Paris, à trente ans à peine, au lendemain même de nos victoires de Magenta et de Solférino, qui avaient fait perdre à son maître la riche province de Lom-

bardie. Sa situation aurait pu être difficile, si Napoléon III n'avait pas mis
une sorte de coquetterie personnelle à faire oublier à l'envoyé de François-
Joseph les mauvais rapports qui avaient existé naguère entre Paris et Vienne.
L'ambassadeur et sa femme furent tout de suite admis dans l'intimité de la
villa Eugénie, à Biarritz. L'Impératrice avait invité coup sur coup la princesse à une ascension sur la montagne de la Rhune et à une promenade en
mer. L'ambassadrice, qui fut dès la première heure et qui demeura jusqu'à la
fin *persona gratissima*, disait, à propos des réceptions de Biarritz, qu'on se
trouvait « plutôt chez de très grands seigneurs que chez des souverains. »

Aux réunions intimes de l'Impératrice, on voyait aussi le prince Henri
de Reuss, qui fut pendant quelque temps chargé d'affaires de Prusse ; il
était le grand favori des séjours de Compiègne. Le ministre en titre, Goltz,
qui était épris de l'Impératrice, en avait conçu une véritable jalousie. « Mon
pauvre Goltz, » disait-elle en parlant de lui. Le chevalier Nigra, ministre
d'Italie, avait aussi la faveur de la souveraine, malgré le peu de sympathie
ou mieux l'antipathie qu'elle ressentait pour la politique dont il était le
représentant. Metternich et Nigra furent aux côtés de l'Impératrice, comme
deux chevaliers servants, dans l'après-midi du 4 septembre, quand elle quitta
les Tuileries.

Les soirées ordinaires aux Tuileries se passaient surtout en conversations ; l'Impératrice, on l'a déjà dit, excellait à raconter. Parfois, elle faisait
des patiences avec des jeux de cartes ; c'était signe qu'elle était préoccupée et
qu'elle cherchait à se donner une contenance. Quand le Prince impérial était
enfant, ses parents jouaient avec lui des parties de loto.

Ces plaisirs bourgeois étaient l'exception, dans une vie où les réceptions
officielles tenaient une grande place. L'Impératrice était faite à merveille, avec
sa beauté et sa grâce, pour cette vie de fêtes et de représentation. Chaque
jeudi de l'hiver, un grand dîner réunissait des personnages officiels ; une
réception suivait, où les femmes étaient invitées. La presse et le luxe étaient
très grands le soir des bals de cour, dans le salon des Maréchaux. L'Impératrice aimait davantage ses réceptions du lundi, « les lundis de l'Impératrice, »
qui avaient lieu après Pâques dans ses appartements particuliers ; elle bornait
alors ses invitations à cinq ou six cents personnes ; tous invités d'élite, qui
représentaient l'élégance la plus raffinée de la cour des Tuileries.

Parmi les bals donnés par l'Impératrice, l'un fit sensation par son éclat
exceptionnel ; il eut lieu, au mois d'avril 1860, au palais d'Albe, propriété
personnelle de la souveraine, qui se trouvait aux Champs-Élysées, sur l'em-
placement actuel de la rue Lincoln. La décoration des salons avait été faite

sous la direction de l'architecte Ruprich-Robert ; la salle du souper en particulier rappelait l'architecture des *Noces de Cana*, de Véronèse. Le luxe des
femmes répondait à ce décor magnifique ; il semblait. d'après un témoin,
qu'une averse de diamants était tombée sur les bras, les épaules et les cor-
sages.

Le bal commença par le quadrille des contes de Perrault. Puis vint le
quadrille des quatre éléments, la terre, l'air, l'eau et le feu ; il fut suivi du
grand quadrille vénitien. Le ballet des quatre éléments eut un tel succès qu'il
fallut le recommencer. Le quadrille de la terre portait des émeraudes et des
diamants ; celui du feu, des rubis et des diamants ; celui de l'eau, des perles
et des diamants ; celui de l'air, dont faisait partie la princesse de Metternich,
des turquoises et des diamants. Une lettre de Mérimée, du 28 avril 1860,
raconta ces splendeurs à son amie la comtesse de Montijo. « Quand, à
deux heures, lui écrivit-il, on a ouvert les portes, le coup d'œil était magique,
surtout quand les salles, les escaliers et les galeries ont été couverts de femmes
en costumes brillants, et tout cela inondé de lumière électrique. Vous savez
qu'il y avait une entrée de seize femmes représentant les quatre éléments.
Elles étaient presque toutes très jolies, très décolletées, avec des jupes fort
courtes. Il m'a semblé qu'on montrait bien des choses ; surtout les pieds et les
bas de jambes, qu'on n'avait pas vus depuis 1825, produisaient beaucoup d'impression. »

L'auteur de *Carmen* donnait à son amie de Carabanchel d'autres détails
sur cette folie mondaine, pour laquelle, dit-on, on avait dépensé trois cent
mille francs. « Il y avait deux femmes en hommes et, malgré des bottes à
l'écuyère et des basques tombant jusqu'aux genoux, cela me semblait un peu
scandaleux. Il y avait aussi quelques Anglaises en nymphes, en Grecques et
en marquises Louis XV, qui ressemblaient à des chiens savants. Somme toute,
c'était très beau, très riche et très en train. » L'Impératrice avait eu d'abord
l'idée de se costumer en Diane Louis XV, avec les diamants de la couronne ;
elle y avait renoncé pour revêtir un simple domino. Le capitaine de Galliffet,
travesti en coq, portait le futur costume de Chantecler. Le duc de Dino,
déguisé en tronc d'arbre, était un voisin terriblement gênant ; avec ses bran-
ches, il accrochait tout le monde. Les personnes graves, maréchaux, généraux,
ministres, portaient un petit manteau en soie à la vénitienne, avec le masque
collé sur l'épaule. Il y avait aussi plus d'un domino avec le capuchon et le
masque cachant le visage. Tous les couples se rendirent, aux sons de la
Marche du Prophète, dans la salle du souper, dont l'aspect était féérique ;
puis les danses et le cotillon durèrent jusqu'aux premières lueurs de l'aurore.

Les échos de ce bal célèbre arrivèrent jusqu'à Londres, où lord Malmesbury a noté, dans ses *Mémoires*, que la princesse Mathilde s'était travestie en Indienne. « Elle s'était, dit-il, fait teindre la peau en brun ; son costume était des plus sommaires, fort décolleté, sans manches, avec une simple bande d'étoffe sur l'épaule attachée par une broche, le corsage fendu sous le bras, jusqu'à la ceinture. La draperie de derrière était transparente, ce que la princesse ignorait sans doute, car elle ne s'était pas fait teindre cet endroit particulier et l'effet était extraordinaire. »

On parla beaucoup aussi de deux grandes soirées qui eurent pour théâtre la galerie des Glaces à Versailles. En 1855, un bal fut offert à la reine Victoria ; la décoration de la galerie était magnifique, elle reproduisait une fête de l'époque de Louis XV. En 1867, les souverains français recevaient le roi d'Espagne Don François d'Assise. Mme de Metternich raconte à ce propos : « L'Impératrice qui, ce soir-là, était belle à ravir et qui, dans une robe blanche lamée d'argent et parée de ses plus beaux diamants, se mit à circuler un peu dans la foule, entourée des officiers de sa maison, fut acclamée. Elle avait négligemment jeté sur ses épaules une espèce de burnous blanc brodé d'or et les murmures d'admiration l'accompagnaient comme une traînée de poudre. »

Paris, pendant le Second Empire, fut envahi par la folie des tables tournantes et du spiritisme ; mais elle sévit plus encore à la cour qu'à la ville. L'Impératrice et ses dames s'amusaient, avec une sorte de frénésie, à faire tourner et parler les tables. « Arrivez donc, » dit-elle une fois à l'Empereur, « je cause politique avec ma table. » Et la table donna des détails sur une guerre prochaine, la guerre d'Orient. Pendant quelque temps, il ne fut question que des choses extraordinaires accomplies par un sorcier ou un illuminé américain, Dunglas Home ou Hume ; il entretenait avec les esprits, qu'il évoquait dans l'obscurité, les rapports les plus invraisemblables. Il devint un familier des réceptions intimes des Tuileries. L'une de ses expériences était de faire apparaître une main au milieu des ténèbres. L'Impératrice, un soir, voulut toucher cette main. « C'est la main de mon père ! » s'écria-t-elle, et elle eut une crise nerveuse. L'Empereur, avec moins de précision, se borna à dire : « Dieu, que c'est froid ! » On racontait plus tard, quand Hume fut convaincu de supercherie et expulsé, que la prétendue main était son propre pied qu'il sortait fort adroitement de son escarpin verni. Mais l'Impératrice perdit-elle jamais la foi en Hume et l'évocation des esprits ?

« J'ai vu, » rapporte le Dr Barthez (5 septembre 1857), « M. Hume, ce fameux médium qui évoque les esprits. J'étais très curieux de le connaître. Aussitôt que son arrivée à Biarritz a été sue, l'Impératrice l'a envoyé chercher et nous a parlé de lui. La croyance entière qu'elle a en lui, l'animation, la violence avec lesquelles elle en parle m'ont fait de la peine. Là évidemment est l'un des côtés faibles de cette femme, si remarquable d'ailleurs par ses qualités, physiques, morales et intellectuelles. »

Dans les cérémonies officielles d'apparat, la souveraine jouait à merveille son rôle d'Impératrice des Français. Le 15 mai 1855, en pleine guerre de Crimée, eut lieu l'ouverture de l'Exposition universelle, qui avait été installée dans le palais de l'Industrie, à la place actuelle du Grand et du Petit Palais. Quand le cortège impérial fit son entrée, l'Impératrice, en grande toilette, un magnifique diadème de diamants sur les cheveux, parut plus que jamais dans tout l'éclat de sa beauté. Elle visita l'ensemble de l'Exposition ; au cours de la visite, le cortège se désagrégea, et, à la sortie, l'Impératrice reçut sa pelisse, comme à une sortie de théâtre, au milieu de beaucoup de désordre.

1867 est resté l'année par excellence de cette vie inimitable qu'on a appelée la fête impériale. Le 1ᵉʳ avril, une nouvelle Exposition universelle s'était ouverte au Champ-de-Mars ; les produits de tous les pays du monde s'y trouvaient réunis, suivent un système fort ingénieux de deux axes, l'un pour les pays d'après des courbes parallèles, l'autre pour les produits d'après des rayons. La France, l'Europe, la terre entière accoururent à cette foire gigantesque. Son succès extraordinaire fit bientôt oublier au gouvernement la journée de Sadowa qui remontait à un an, l'affaire du Luxembourg qui s'était terminée au mois de mai, tant bien que mal. Le 19 juin, l'Empereur du Mexique Maximilien était fusillé à Queretaro ; la responsabilité de l'Empereur, même de l'Impératrice, était lourdement engagée dans cette tragédie ; mais bien vite on n'y pensa plus. Il y avait tant d'hôtes à recevoir au nom de la France, tant d'hôtes illustres, le prince royal de Prusse, le Tsar Alexandre II, le Roi de Prusse, Bismarck, le Sultan, l'Empereur François-Joseph.

Pendant tout l'été, l'Impératrice fut en service commandé ; elle s'en acquitta à merveille. Le 6 juin, une grande revue fut passée à Longchamp, en l'honneur d'Alexandre II et de Guillaume Iᵉʳ. L'Impératrice avait dans sa voiture le Roi de Prusse ; dans la confusion du retour, elle apprit seulement aux Tuileries que le Tsar, qui était avec l'Empereur, avait été l'objet d'une tentative d'assassinat. Sur le champ elle se fit conduire à l'Élysée, qui était la résidence d'Alexandre. Il parlait de repartir tout de suite pour la Russie ; elle le décida à ne rien changer au programme officiel qui avait été arrêté et publié. Le soir, bal à l'Hôtel de Ville ; le lendemain, excursion à Fontaine-bleau. A l'Hôtel de Ville, elle traversa les salons au bras du Tsar, sans la

Le château de Saint-Cloud, acheté par Louis XIV pour son frère, reçut de celui-ci des agrandissements et des embellissements continuels, qui en firent une résidence délicieuse.

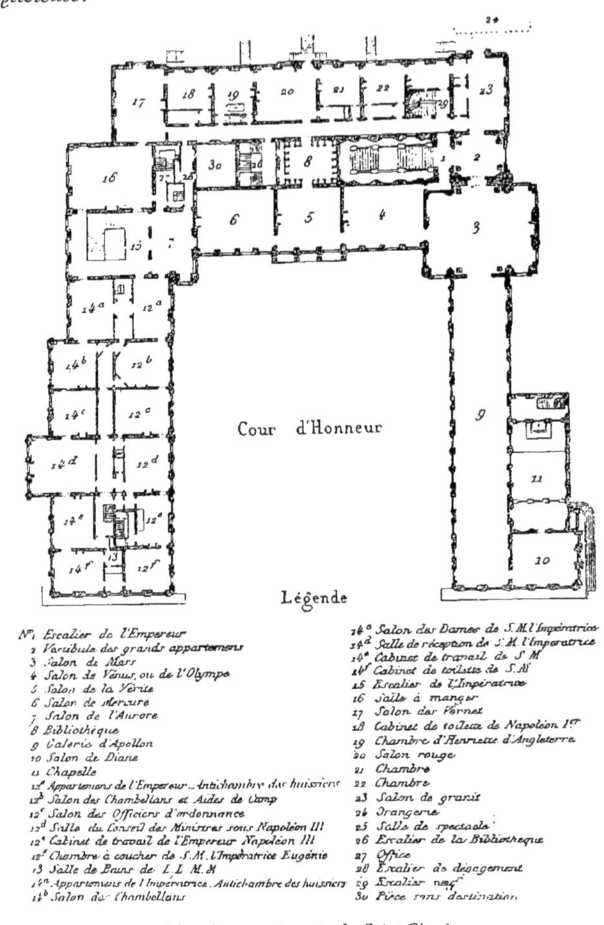

Plan des appartements de Saint-Cloud.

Monsieur y employa trois architectes, Lepautre, Girard et Mansard ; le parc, avec ses admirables perspectives et ses pièces d'eau, fut l'œuvre de Le Nôtre. — Le château vit le coup d'État de Brumaire et la proclamation de l'Empire (18 mai 1804). Il fut incendié à peu près en entier, avec la majeure partie de ses richesses artistiques, le 15 octobre 1870.

moindre gêne. De la gare de Fontainebleau au château, elle fit placer sur la voiture l'Empereur de Russie entre elle et Napoléon III ; car la police avait eu vent qu'un autre Berezowsky voulait recommencer l'attentat de la veille. Sous divers prétextes, et sans que le Tsar ait su qu'il était menacé d'un nouveau danger, elle le retint toute la journée à l'intérieur du château ; il y a tant de collections et de curiosités à montrer à un invité qui a fait le voyage de Pétersbourg à Paris ! Jusqu'à la dernière minute, la souveraine se fit le garde du corps de son hôte.

L'Impératrice, qui ne se piquait guère d'intellectualisme, se fit voir sous la Coupole de l'Institut dans une circonstance qui fut très remarquée. Le 24 janvier 1861, le père Lacordaire prononçait son discours de réception à l'Académie française, où il succédait à Tocqueville ; le fils de saint Dominique était reçu par le calviniste Guizot. L'Impératrice avait autrefois entendu Lacordaire à Bordeaux ; elle le goûta moins à cette séance. Elle fut parfaitement gracieuse pour Guizot. « J'ai été bien heureuse de vous entendre, » lui dit-elle ; voulait-elle par son amabilité faire tomber les préventions de l'Académie contre les Tuileries ? On lui prêta un mot, bien joli, résumant ses impressions de séance : « J'ai perdu une illusion et une prévention. » A-t-il été dit ?

En dehors des Tuileries, l'Impératrice et la cour fréquentaient quatre résidences, d'une manière pour ainsi dire périodique : Saint-Cloud au printemps, Fontainebleau au commencement de l'été, Biarritz en septembre, Compiègne en novembre.

Outre la villégiature de printemps, Saint-Cloud servait à tout propos de séjour improvisé ; c'était le magnifique château de Philippe d'Orléans, où était morte Henriette d'Angleterre ; incendié pendant la guerre de 1870, il n'en reste plus que quelques débris. L'Impératrice aimait à y aller en modeste équipage, plutôt avec des amis qu'avec des personnes du service officiel ; elle s'y rendait un peu, comme une grande dame qui va pendant quelques jours se reposer des fatigues de la vie de Paris dans une maison de campagne. Saint-Cloud, qui lui rappelait les premiers jours de son mariage, fut témoin de la dernière scène de sa vie de famille en France, quand elle dit au revoir, à la gare du château, le 28 juillet 1870, à son mari et à son fils, qui partaient pour la frontière.

La forêt de Fontainebleau, pour une amazone accomplie comme l'Impératrice, offrait des excursions dont le plaisir se renouvelait tous les jours. Il y avait aussi le canotage sur l'étang ; toute une flottille vénitienne servait aux promenades de la souveraine et de ses invités. Ceux-ci étaient pour la plupart des personnes jeunes encore, c'est-à-dire en âge de s'amuser et surtout de danser. Les diplomates trop âgés se voyaient préférer, bien que chefs de légation, leurs secrétaires et attachés ; avec eux, c'était la jeune cour dont l'Impératrice aimait à s'entourer. Les cabinets chinois, situés au rez-de-chaussée, du côté du parc et de l'étang, étaient dans le château l'une de ses retraites préférées ; on les appelait ainsi parce qu'elle y avait fait disposer les œuvres d'art et les bibelots de tout genre que l'armée française avait rapportés de la prise du Palais d'Été, lors de l'expédition de Chine de 1860.

Le ministre anglais Malmesbury, qui avait été invité aux chasses à courre de Fontainebleau, rapporte, dans ses *Mémoires*, l'impression peu favorable que lui fit l'entourage de l'Impératrice. « Je suis retourné, dit-il, à Paris dans la voiture impériale, un grand omnibus, avec M. et Mme de Morny, M. Walewski et sa femme, et les deux dames d'honneur de service dont l'une Mme de Pierres, née Thornes, une Américaine, n'a cessé pendant tout le trajet, ainsi que Mme de Morny, qui est Russe, de fumer au nez de l'Impératrice. Celle-ci est beaucoup trop indulgente pour son entourage. Elle rehausse sa beauté remarquable par une grande gaieté naturelle et des manières singulièrement fascinantes. Toutes les femmes qui l'entourent, à l'exception de Mme Walewska, ont bien mauvais ton. Elles ont leurs cheveux relevés à la chinoise, si bien tirés qu'elles peuvent à peine fermer les yeux, et portent des jaquettes et des manteaux écarlates qui leur vont fort mal, étant toutes très blondes. »

Biarritz fut comme une création de l'Impératrice. L'endroit, admirable par lui-même, avait pour elle l'avantage d'être à quelques lieues à peine de la frontière d'Espagne ; elle s'y retrouvait au contact de son ancienne patrie. Sur une hauteur qui domine la côte des Basques, elle avait fait construire la villa Eugénie ; c'est aujourd'hui le casino. Elle marquait une vraie prédilection pour ce séjour, qui lui offrait surtout le plaisir de mener, avec trois ou quatre invités de choix, dont Mérimée faisait presque toujours partie, une vie très retirée. Elle ne songeait pas du tout à lancer cette station, à en faire une plage à la mode ; loin de là. « Il ne s'agit pas pour elle, dit le Dr Barthez, que Biarritz soit un endroit salutaire et très utile où les malades viennent chercher la santé ; c'est un endroit où une certaine société doit venir s'installer pour tenir compagnie aux gens du château, pour partager ses plaisirs et y contribuer ; toute autre chose, même la concurrence du plaisir en dehors du château, lui déplaît. Elle a l'égoïsme du plaisir, comme elle a l'horreur de la douleur. » Biarritz rappelle la fameuse visite que Bismarck fit, au mois d'octobre 1865, à l'Empereur et à l'Impératrice ; ce fut une des manœuvres les plus habiles et les mieux réussies du futur chancelier d'Allemagne.

En quittant Biarritz, l'Impératrice faisait en général un séjour à Saint-Cloud; puis, vers le 10 novembre, elle s'installait à Compiègne; elle y était toujours avant sa fête, qui tombe le 15 de ce mois. Pour cinq à six semaines, Compiègne devenait la résidence de la cour.

L'Impératrice composait elle-même, d'après les propositions que lui faisaient les officiers de sa maison, la liste des invités de Compiègne. C'était la grande faveur du règne, comme jadis les Marly du Grand Roi. Les invités venaient par séries, chaque série restant au château cinq à six jours. Certaines séries étaient très recherchées, à cause de la qualité de ceux, hommes ou femmes, qui les composaient. La série où la princesse de Metternich, une grande habituée, se retrouvait chaque fois avec la comtesse de Pourtalès, la marquise de Galliffet, la baronne de Rothschild et des hommes de leur intimité, avait été baptisée la série élégante. Une dame demande étourdiment à une invitée : « Êtes-vous de la série élégante? » Et l'autre, de lui répondre avec aigreur : « Non, je suis de la vôtre. » Membres des cinq Académies de l'Institut, diplomates, hommes politiques, professeurs de la Sorbonne, auteurs dramatiques, romanciers, médecins, avocats, journalistes, musiciens, architectes, peintres, sculpteurs, l'éclectisme de l'Impératrice appelait à Compiègne toutes les célébrités de l'époque; ces invitations, habilement réparties, étaient un peu de sa part un instrument de règne. La princesse de Metternich a eu raison de dire qu' « une femme du monde devenue impératrice pouvait seule arriver à créer une semblable réunion. »

Le protocole réglait avec beaucoup d'uniformité les plaisirs des invités. La vie officielle commençait à midi. A cette heure, les invités se réunissaient au salon pour se mettre à table avec Leurs Majestés. Après le déjeuner, prome-nades en voiture dans la forêt, qui aboutissaient souvent à la visite du château de Pierrefonds. L'Impératrice avait entrepris, pour la plus grande satisfac-tion de l'architecte Viollet-le-Duc, la restauration de ces ruines féodales ; le pittoresque de l'endroit y perdit beaucoup, mais la Souveraine avait sa fierté d'avoir fait sortir des ruines, comme par un coup de baguette magique, une immense bâtisse dans le style du XVᵉ siècle. A l'intérieur, une grande salle d'armes était la salle des preux et des preuses ; les traits de l'Impéra-trice avaient été prêtés à l'une des héroïnes de la légende chevaleresque.

Dans la soirée, on dansait, mais avec quelle musique ! Un chambellan, d'un air solennel, tournait la manivelle d'un piano mécanique. Quelques couples se mettaient à tourner ; les autres assistants regardaient leurs montres. C'étaient là ces orgies de Compiègne, à propos desquelles Paris racontait les choses les plus horribles. La princesse de Metternich et son ami le prince de Reuss, qui trouvaient que l'heure de la danse était longue à passer, avait à ce sujet un mot drôle, qu'ils disaient avec gravité : « Sodome et Gomorrhe ! Sodome et Gomorrhe ! »

L'Impératrice aimait à donner à ses invités le plaisir de la comédie, des charades et des tableaux vivants. On recrutait les acteurs parmi les invités ; la princesse de Metternich en particulier, qui était de toutes les fêtes, jouait la comédie à ravir. Le duc de Morny, Mérimée, le marquis de Massa, Octave Feuillet composaient pour la circonstance des à-propos, des charades, des revues, des comédies de salon. Une fois l'Impératrice s'improvisa actrice, dans les *Portraits de la marquise*, qui était une spirituelle critique d'elle-même ; cette pièce, écrite pour elle par Octave Feuillet, fut la seule qu'elle ait jamais jouée. Une pièce qui eut un vrai succès fut les *Commentaires de César*, du marquis de Massa ; elle fut représentée sur le théâtre du palais le 26 et le 27 novembre 1865 ; le titre rappelait l'*Histoire de César* que l'Empereur venait de publier. Les rôles de femmes étaient tenus par la marquise de Galliffet, la comtesse de Pourtalès, madame Bartholoni, la comtesse de Poilly, la princesse de Metternich, qui représentait tour à tour une cantinière, un cocher de fiacre et la Chanson. Toutes les actualités défilaient devant les spectateurs, y compris Thérésa, représentée par Asthon Blount, qui, dans la toilette tapageuse d'une étoile de café-concert, chantait *la Femme à Barbe* comme la Diva elle-même. A la fin de la revue, la France (comtesse de Pourtalès) s'avançait vers la rampe ; à ses côtés, un invalide (général Mellinet) représentait le Passé ; un fantassin (lieutenant-colonel marquis de Galliffet) représentait le Présent. Après un couplet à l'adresse de l'un et de l'autre, elle chantait :

Je vous ai retracé
Le Présent, le Passé ;
Mais, avant de finir,
Je veux encor vous montrer l'Avenir.

L'Avenir apparaissait dans la personne du Prince impérial, en uniforme de caporal des grenadiers de la Garde, avec le bonnet à poil ; et le grenadier de neuf ans chantait un couplet d'un air crâne. Les *Commentaires de César* avaient eu un si grand succès qu'en 1867, lors de la visite des souverains étrangers à Paris pour l'Exposition universelle, l'Empereur et l'Impératrice leur offrirent ce spectacle aux Tuileries avec les mêmes interprètes.

IX

LES VOYAGES

Les voyages ont occupé une place importante dans la vie de l'Impératrice. Convenances politiques, besoin de se recueillir à la suite de deuils domestiques, désir de s'isoler après des découvertes dans son intérieur qui lui avaient fait de la peine, raisons de santé, curiosité naturelle, quelle qu'en ait été la cause, elle se déplaça à maintes reprises, et les déplacements d'une impératrice entraînent toujours à sa suite une partie plus ou moins grande de sa maison personnelle.

Pendant la guerre de Crimée, c'est-à-dire à l'époque de l'alliance franco-anglaise, Napoléon III avait décidé de faire à Londres un voyage officiel pour inviter la Reine Victoria à venir visiter l'Exposition universelle. Pour l'Impératrice, ce voyage, du mois d'avril 1855, était comme son entrée dans les familles souveraines ; elle avait fait préparer des toilettes, qui obtinrent à la cour d'Angleterre presque autant de succès que sa beauté. Reçus à Douvres par le prince Albert, l'Empereur et l'Impératrice furent conduits à Windsor. Ce fut le programme des voyages de ce genre : dîner à Windsor, revue militaire, soirée de gala à Covent-Garden, banquet à Guild-Hall. La Reine eut des attentions particulières pour l'Impératrice ; ainsi naquit la sympathie sincère qu'elle lui garda jusqu'à ses derniers jours.

Au mois d'août 1860, après l'annexion de la Savoie et du comté de Nice, les souverains allèrent visiter ces provinces, dont les habitants avaient exprimé le désir de devenir français. Aix-les-Bains, Annecy, Chambéry, Nice furent les principales étapes de ce voyage qui garda presque tout le temps, au milieu de l'enthousiasme des populations, le caractère d'une pompe triomphale. Pour la promenade sur le lac d'Annecy, une estrade avait été élevée à l'arrière de l'embarcation de l'Impératrice. Montée sur cette estrade, la tête et le cou nus, un diadème sur les cheveux, sur les épaules un manteau rouge aux franges d'or, elle faisait penser, dit l'un de ses compagnons, à Cléopâtre ou à la Dogaresse.

Leurs Majestés s'arrêtèrent à Marseille, pour visiter le château du

Pharo, près de la baie des Catalans, que la ville venait de leur offrir ; l'Impératrice le rendit plus tard à la ville, qui l'a transformé en hôpital. A la Ciotat, les chantiers des Messageries maritimes eurent aussi la visite des souverains ; ils furent reçus par le président de cette compagnie, Armand Béhic, dont l'Empereur fit, en 1863, un ministre de l'Agriculture, du Commerce et des Travaux publics.

De Toulon, le yacht l'*Aigle* transporta l'Empereur et l'Impératrice à Ajaccio et à Alger. Dans cette dernière ville, un ensemble de fêtes magnifiques avait été préparé ; il fallut écourter ce programme et renoncer à un voyage dans l'intérieur de l'Algérie. Des nouvelles très alarmantes étaient arrivées sur la santé de la duchesse d'Albe, cette sœur aînée à laquelle l'Impératrice était tendrement attachée. Elle hâta son retour en France ; il était trop tard, sa sœur était morte. Elle en eut un chagrin profond ; pour chercher quelque diversion à sa douleur, elle alla faire en Écosse un séjour de quelques semaines.

A la fin d'une saison à Biarritz, en 1863, il prit fantaisie à l'Impératrice de faire en bateau le tour du Portugal et de l'Espagne par Lisbonne, Cadix, Gibraltar, pour rentrer en France par Marseille. La Reine Isabelle, qui le sut, l'invita à profiter de ce voyage pour venir à Madrid. L'Impératrice se rendit à son désir ; ce lui fut une douce satisfaction de revoir, souveraine des Français, la patrie qu'elle avait quittée, sujette de Sa Majesté catholique.

En 1864, l'Impératrice fit une saison aux eaux de Schwalbach, dans le Nassau ; c'était une station qu'elle avait déjà fréquentée avant son mariage. Elle y vint à présent sous le nom de comtesse de Pierrefonds ; malgré l'incognito qu'elle désirait garder, elle y reçut la visite de la Reine Sophie, des Pays-Bas, du Roi de Prusse Guillaume Ier, du Tsar Alexandre II. Sur les instances de Guillaume, qui était très empressé à son égard, elle s'arrêta à Carlsruhe et à Bade ; la Reine Augusta vint lui rendre visite et lui montra la plus grande affabilité. Sa belle-fille, la future Impératrice Frédéric, était aussi en excellents rapports avec l'Impératrice, qui l'avait connue, en 1855, à la cour de Windsor.

Le voyage des deux souverains à Salzbourg, en 1867, fut un voyage de politesse dans des circonstances douloureuses ; ils allaient faire une visite de condoléances à la famille impériale d'Autriche pour la tragédie qui avait coûté la vie à l'archiduc Maximilien au Mexique et dans laquelle ils avaient, l'un et l'autre, leur part de responsabilité.

Pour le voyage de l'année 1869 dans la Méditerranée orientale, le dernier que l'Impératrice ait accompli comme souveraine, il eut, d'un bout à l'autre, tous les caractères d'une partie de plaisir et d'un triomphe. Après quelques jours à Ajaccio, où elle s'était arrêtée à l'occasion du centenaire de la naissance de Napoléon Ier, l'Impératrice était partie pour l'Égypte ; elle allait inaugurer le canal de Suez, œuvre de son cousin Ferdinand de Lesseps. Elle fit la traversée de la Méditerranée à bord du yacht impérial l'*Aigle*; elle était accompagnée des deux filles de la feue duchesse d'Albe et de cinq dames de sa maison. Du Caire, le 23 octobre, elle écrivait à l'Empereur :

« Mon très cher Ami, Merci de ta bonne lettre ; je suis heureuse, tu le sais, quand tu approuves ce que je fais, et tu peux être sûr que mes efforts seront toujours portés à te faire le plus grand nombre d'amis possible.

« L'idée du Roi [le vice-roi Ismaïl] m'a bien amusée, car *il a été d'un galant à te faire dresser les cheveux*. Je ne sais si la présence d'un tiers le gêne pour me faire des confidences politiques ! mais, dans tous les cas, pas les autres... Enfin, j'ai fait de mon mieux pour lui plaire, et je te ferai bien rire en rentrant et en te racontant mon entrevue...

« Je ne puis te donner mes impressions de voyage. J'ai trouvé chez tous et partout le désir bien vif de nous être agréable et de tout faire pour cela. Le Caire a conservé son ancien cachet, pour moi moins nouveau que pour ces dames ; car cela me rappelle l'Espagne. Les danses, la musique et la cuisine sont identiques. Nous allons ce soir à un mariage qui doit avoir lieu chez la mère du Khédive. Hier au soir, nous avons assisté aux prières des derviches tourneurs et hurleurs ; c'est inconcevable qu'on puisse se mettre dans un pareil état ; cela m'a causé une grande impression.

« Les danses dans le harem sont celles des bohémiennes d'Espagne, plus *indécentes* peut-être ! Aujourd'hui, je suis restée tranquille pour me reposer, car je suis très fatiguée, mais très intéressée par tout ce que je vois. On ne dirait jamais que nous avons en si peu de temps fait tant de chemin et visité tant de pays divers. Je fais collection de souvenirs et je te raconterai cela au coin du feu... »

Des passages d'une autre lettre, du 27 octobre, écrite « sur le Nil, à bord de l'*Impératrice*, » renferment des détails intéressants :

« Mon bien cher Louis, Je t'écris en route sur Assouan, sur le Nil. Te dire que nous avons frais ne serait pas absolument la vérité, mais la chaleur est fort supportable, car il y a de l'air, mais au soleil, c'est autre chose ! D'ailleurs, par télégraphe, je te dis l'état de l'atmosphère. J'ai de tes nouvelles et de celles de Louis tous les jours par télégraphe ; c'est merveilleux et bien doux pour moi, puisque je suis toujours tenue à la rive amie par ce fil qui me rattache à toutes mes affections.

« Je suis dans le ravissement de notre charmant voyage et je voudrais t'en faire la description ; mais tant d'autres, plus savants et plus charmants conteurs que moi, ont entrepris cette œuvre qu'il me semble que dans l'admiration muette je dois m'enfermer... Je jouis de mon voyage, des couchers de soleil, de cette nature sauvage cultivée sur les rives dans une largeur de cinquante mètres, et, derrière, le désert avec ses dunes et le tout éclairé par un soleil ardent. »

L'inauguration du canal eut lieu le 17 novembre. Soixante-huit navires firent la traversée ; en tête s'avançait l'*Aigle*, qui portait l'Impératrice, l'Empereur d'Autriche-Hongrie, le Khédive, Ferdinand de Lesseps. Le 20 novembre, toute la flottille jetait l'ancre dans la rade de Suez. Le commandant de l'*Aigle* notait sur son journal de bord : « Mouillé sur la rade de Suez (Mer Rouge), le 20 novembre 1869, à 11 heures et demie du matin. Signé : Eugénie. » Parmi les trente-trois signatures qui se joignirent à celle de l'Impératrice, on relève les noms de F. de Lesseps, Aug. Mariette. Dix mois plus tard, l'Empire s'écroulait, et la souveraine dont la beauté et le charme venaient de contribuer à l'éclat d'un événement exceptionnel, abandonnait les Tuileries à la révolution ; F. de Lesseps faisait partie à ce moment des amis qui assuraient sa fuite : il essaya pendant quelque temps d'empêcher l'envahissement du palais.

En quittant l'Égypte, l'Impératrice fit un voyage à Constantinople ; ce fut encore une succession de fêtes. Elle rentra à Paris, au moment où l'Empire traversait une crise politique, qui devait être la dernière.

X

LES AFFAIRES POLITIQUES

Cette esquisse a surtout pour but de montrer l'Impératrice dans le cadre de sa vie de souveraine ; cependant on ne doit pas laisser complètement de côté le rôle qu'elle a pu jouer dans les affaires du règne.

C'était, paraît-il, sur ses lèvres un mot familier : « Je déteste la politique. » Elle pouvait la détester ; mais cela voulait-il dire qu'elle n'en faisait pas ? Certes, elle n'était point une professionnelle ; elle ne fit point de la politique son opération continue et personnelle, comme une Marie-Thérèse ou une Catherine II. Ernest Lavisse, qui l'a bien connue, a remarqué, avec raison, croyons-nous : « Ce qu'elle détestait dans la politique, c'est le travail régulier, suivi, méthodique, la besogne de bureau d'où sortent tant de papiers à lire. » Elle faisait de la politique à ses heures, suivant les circonstances, suivant les goûts du moment ; et cette politique, qui n'avait rien d'officiel, avait toutes les chances d'être efficace, à cause de l'influence qu'elle exerçait sur son mari. A ce sujet, deux témoignages ont leur poids ; celui d'Augustin Filon : « Napoléon III, qui croyait au pouvoir de l'intuition, à l'infaillibilité de l'instinct, la consultait comme d'autres consultent une somnambule ; » et celui du général du Barrail : « L'Impératrice avait sur l'Empereur un pouvoir à peu près sans limites ; elle le dominait moins encore par ses charmes que par le souvenir des circonstances trop nombreuses où il les avait méconnus. »

Les diplomates de carrière pouvaient trouver que la conversation de l'Impératrice manquait d'autorité, quand elle entreprenait de parler d'affaires avec eux. Le comte de Hübner, qui était ambassadeur d'Autriche, rapporte une conversation qu'il eut avec l'Impératrice à Fontainebleau, le 17 novembre 1853, et dont la question d'Orient fit en partie les frais ; on se demandait à Paris quelle allait être l'attitude de l'Autriche, on ne savait pas encore qu'elle se réservait « d'étonner le monde par son ingratitude. » Après le déjeuner, l'Impératrice, chargée sans doute de sonder le terrain, retint l'ambassadeur dans une causerie privée. « Elle était pétillante, a-t-il écrit, je ne dirai pas d'esprit, mais de vivacité, de cette vivacité andalouse qui fait un de ses charmes. Nous effleurons toute sorte de sujets, frivoles et sérieux, et elle revient sans cesse à la question brûlante du jour. Elle est parfaitement au courant des négociations, trop pour me faire penser qu'elle a appris sa leçon avant de m'entreprendre. Enfin, c'est une manière de faire les affaires comme une autre, mais elle a ses inconvénients et rappelle un peu trop l'Opéra-Comique et certaines comédies de Scribe. » Soit ; mais cela n'empêchait pas que l'Impératrice pouvait, aux Tuileries, auprès de l'Empereur et de son entourage, avoir une action politique ; en effet, elle l'eut.

Au début de l'année 1855, on se plaignait beaucoup à Paris de la lenteur ou plutôt de l'insignifiance avec laquelle se déroulaient les opérations du siège de Sébastopol ; les généraux s'entendaient mal entr'eux ; Canrobert n'imposait pas son autorité avec assez d'énergie. On parla souvent alors aux Tuileries du départ prochain de l'Empereur ; sa présence semblait nécessaire pour donner à l'attaque des Alliés l'unité et l'énergie qui lui faisaient défaut. L'Impératrice le poussait vivement à cette décision : sa présence serait salutaire à l'armée ; le jour où Sébastopol tomberait, il devait être là pour ce grand événement. L'Empereur s'était rendu à ces raisons ; il avait annoncé à la princesse Mathilde son départ pour le 2 mai. Puis, il changea d'avis, comme il lui arriva parfois d'avoir obéi à la suggestion de sa femme, puis de s'être ravisé. La nomination de Pélissier au commandement en chef tint lieu du voyage de l'Empereur.

La question italienne fut l'une des grandes préoccupations de l'Impératrice. Pieuse, mais non bigote, catholique, mais non cléricale, on la disait « papaline. » Comment ne pas s'apercevoir, en effet, que tous ces bouleversements territoriaux provoqués par le canon de Magenta et de Solférino aboutiraient, tôt ou tard, à cet autre bouleversement, la ruine du pouvoir temporel du Saint-Père ? Elle disait à l'Empereur : « Vous êtes le jouet, l'esclave de Mazzini. »

La guerre de 1859 l'appela pour la première fois à l'exercice du pouvoir. L'Empereur avait décidé de prendre en personne le commandement de ses armées. Une de ses proclamations disait : « Je laisse en France l'Impératrice et mon fils. Secondée par l'expérience et les lumières du dernier frère de l'Empereur, elle saura se montrer à la hauteur de sa mission. » Des lettres communiquées au Sénat, le 10 mai 1859, lui donnèrent le titre et les fonctions de régente. Mérimée, qui la vit alors, la trouva, paraît-il, en train d'apprendre par cœur la Constitution. Elle n'eut pas à se servir de sa science. Sa courte régence fut dénuée de difficultés et même d'incidents. Son rôle consista à présider le Conseil des ministres trois fois par semaine, aux Tuileries ou à Saint-Cloud, et à donner des signatures pour la forme. Cependant elle eut un jour à prendre une décision ; elle le fit, avec beaucoup de netteté et de fermeté.

Émile Ollivier a rapporté une déclaration qu'elle lui fit, en 1867, sur la réorganisation de l'armée ; pour elle, elle était pleinement convaincue de cette nécessité depuis 1859. Elle lui dit à ce propos : « Mon oncle Jérôme voulut alors me faire signer un décret de mobilisation de trois cent mille gardes nationaux ; je ne voulus pas, malgré l'avis de la majorité des ministres, consentir à signer là, devant l'Europe, un aveu de notre impuissance militaire. Alors mon oncle se leva et me dit : « Ma nièce, vous perdez la France, « vous vous exposez à l'invasion. — Dans tous les cas, mon oncle, je ne ferai « pas comme Marie-Louise ; même si vous m'en donniez le conseil, je ne « fuirais pas devant l'ennemi. » J'écrivis à l'Empereur, et la paix de Villafranca fut signée. » D'autres raisons amenèrent la brusque volte-face de Napoléon III après Solférino et lui firent oublier sa promesse de l'Italie libre jusqu'à l'Adriatique ; du moins, le parti que la Régente avait pris le confirma dans sa propre détermination.

L'Empereur avait reçu aussi une dépêche de l'Impératrice, qui lui demandait instamment de ne pas sacrifier le duché de Parme à la cause du Piémont : on dirait qu'il se venge d'une souveraine (la sœur du comte de Chambord) appartenant à une dynastie ennemie de la sienne. A la cour de Vienne, l'Impératrice Élisabeth savait que la prompte terminaison de la guerre de 1859 avait été en partie l'œuvre de la Régente.

Le prince de Metternich inaugurait peu après son ambassade ; la faveur que lui et sa femme trouvèrent tout de suite auprès des souverains français fut due en partie à l'antipathie très forte que l'Impératrice éprouvait pour les « italianissimes, » — le mot est de Metternich, — comme le prince Napoléon, les ministres Billault, Thouvenel, Persigny. Au mois de septembre 1862, ces ministres avaient conseillé l'abandon de Rome ; elle dit leur fait aux deux derniers, à la sortie du conseil où elle avait assisté et pendant lequel elle avait eu grand peine à se contenir. « Madame, lui répondit Thouvenel, si l'Empereur m'avait dit la moitié de ce que Votre Majesté m'a fait entendre, ma démission serait déjà envoyée. » Cela arriva peu de jours après : Thouvenel fut remplacé par Drouyn de Lhuys. Le gouvernement était « désitalianisé. » A Saint-Gratien, ce fut une vraie fureur. « Marie-Antoinette, disait-on, a succombé sous l'impopularité de son surnom d'Autrichienne ; que l'Espagnole prenne garde à elle ! » N'allait-on jusqu'à prétendre qu'elle désirait la mort de son mari pour exercer la régence au nom du Prince impérial ?

Peu après le remplacement de Thouvenel par Drouyn de Lhuys, l'Anglais Malmesbury avait avec l'Impératrice une conversation d'une heure sur la question romaine. Il rapporte qu'elle ne traita pas ce sujet « en dévote ; » pour elle, c'était un scandale de laisser le Pape sans un pouce de terrain ; l'honneur de la France était engagé dans le maintien du pouvoir temporel. Et son intérêt aussi ; car, la France abandonnant la défense du Saint-Siège, ce sera l'Autriche qui se chargera de sa défense. Que les Italiens se tiennent pour satisfaits de ce qu'ils ont ; qu'ils s'occupent d'organiser leurs nouvelles acquisitions ; mais où sont leurs hommes d'État ? L'Empereur est revenu d'Italie fort désenchanté de Cavour ; le ministre de Victor-Emmanuel n'est-il pas d'accord avec le prince Napoléon pour lier parti avec Mazzini et les républicains, en vue de soulever la Toscane et Rome ? L'intention de Napoléon III n'était pas de créer aux côtés de la France un grand royaume indépendant.

Quelques semaines plus tôt (mai 1862), Metternich avait entendu une conversation à Fontainebleau entre l'Impératrice et le ministre d'Italie, le chevalier Nigra ; elle s'était montrée très dure pour les Italiens. « C'est vous qui pillez, qui volez chez les autres, et qui voulez nous rendre vos complices. Mais attendez, le jour de la vengeance arrivera. Vous verrez grandir sous votre main vos Mazzini, vos Garibaldi, et le jour où vous serez perdus, je vous affirme que je ne viendrai pas à votre secours. »

L'exécution de la convention du 15 septembre 1864 pour le règlement de la question romaine avait amené des difficultés entre Paris et Florence. Pour les résoudre, il fut question, au mois de novembre 1866, d'un voyage de l'Impératrice à Rome ; il s'agissait d'obtenir de Pie IX qu'il tendît une main amie à l Italie. Le gouvernement italien, qui avait été consulté, approuvait à l'avance cette mission. Cependant diverses considérations firent abandonner ce projet, et la femme de Napoléon III n'eut pas l'occasion de montrer ses qualités d'ambassadrice.

Jusqu'au bout, l Impératrice demeura irréductible sur la question romaine. Le 3 août 1870, un envoyé de Victor-Emmanuel II avait apporté à Napoléon III, qui était alors au quartier général de Metz, un projet d'alliance avec l'Italie et l'Autriche ; l'une des conditions était l'abandon de Rome à l'Italie. « Rien à faire, » répondit l'Empereur. « Je ne cède pas sur Rome. » L'Impératrice, mise au courant, s'écria : « Plutôt voir les Prussiens à Paris que les Piémontais à Rome ! » Elle ne prévoyait pas plus le 20 septembre 1870 que le 1ᵉʳ mars 1871.

Au mois de juin 1861, le *Constitutionnel* avait publié un article sur l'insurrection polonaise, qui était tout à fait favorable aux insurgés et hostile

à la Russie. Il fut assez remarqué pour qu'on ait cherché à en connaître
'auteur. L'article avait été remis directement au journal par Mocquard, le
chef du cabinet civil de l'Empereur; il avait été rédigé par Walewski, ce
qui n'avait rien d'étonnant de la part d'un homme politique qui avait dans
les veines le sang d'une Polonaise et de Napoléon Ier. Ce qui fut plus curieux
à connaître, c'est que l'article avait été inspiré par l'Impératrice, qui aimait
à s'entretenir des événements de Varsovie avec le ministre de l'Empereur.
Cependant, deux ans plus tard, il semblait qu'elle se désintéressait du sort
de la Pologne. La conversation, un soir à Biarritz, s'était portée sur ce sujet
brûlant. L'Impératrice, qui faisait un ouvrage de tapisserie, tirait régulièrement son aiguille, sans dire un mot. On s'étonnait de ce silence, qui était
contre ses habitudes; on la sollicita de donner son sentiment; elle se borna
à répondre : « Je parle beaucoup des choses passées, mais jamais des choses
actuelles. » Il est à noter que la question polonaise est la seule pour laquelle
l'Impératrice et le prince Napoléon se soient trouvés d'accord.

On a dit de la guerre du Mexique qu'elle était « sortie, pour ainsi dire,
toute faite du petit salon privé de l'Impératrice. » En 1855, l'archiduc Maximilien, qui avait alors vingt-trois ans, avait fait une visite à la cour des
Tuileries ; il y avait laissé une impression très favorable. Quand les révolutions mexicaines eurent chassé d'Amérique les adversaires de Juarès, les
exilés reçurent aux Tuileries un accueil empressé ; parmi eux se trouvaient
Mgr Labastida, archevêque de Mexico, le général Almonte, chef du parti
conservateur, son confident intime Hidalgo, qui était aussi un ami de la
comtesse de Montijo ; tous d'origine espagnole, ils apitoyèrent l'Espagnole
qui les recevait sur les malheurs d'une ancienne colonie de l'Espagne. Le
général Prim assistait aussi à ces conciliabules. C'est ainsi que naquit l'idée
d'une intervention au Mexique ; et bientôt l'on vint à penser qu'au bout de
cette expédition il pouvait y avoir un trône pour l'archiduc autrichien qu'on
avait reçu en 1855. N'était-ce pas un moyen de faire oublier la perte de la
Lombardie à l'Empereur d'Autriche, avec qui Napoléon III tenait à se
réconcilier et pour qui l'Impératrice n'avait cessé d'avoir une sympathie
secrète ? Mme de Metternich et son mari, qui étaient fort bien vus de la
Souveraine, appuyèrent ce projet, du moins après quelque hésitation. Mais
l'Impératrice s'était prise d'un véritable engouement pour la combinaison
Maximilien. On sait trop à quoi elle ne devait pas tarder à aboutir.

Au mois d'août 1866, — c'était quelques semaines à peine après le coup
de tonnerre de Sadowa, — la femme du malheureux Maximilien, l'Impératrice Charlotte arrivait à Saint-Cloud ; elle venait demander les secours en

hommes et en argent dont son mari ne pouvait plus se passer. Cet entretien dramatique eut lieu dans le cabinet de l'Impératrice, entre trois personnes en tout, l'Empereur et les deux Impératrices. La femme de Maximilien usa en vain de tous les arguments auprès de celui et de celle qui semblaient avoir une si grande part dans ses malheurs. A un moment, on lui apporta un verre d'orangeade, qu'une dame de sa suite avait commandé pour elle ; elle le but. Au bout de deux heures, elle quittait Saint-Cloud sans rien emporter d'autre pour son mari qu'un conseil pressant d'abdiquer. A la fin du mois de septembre, la malheureuse femme arrivait à Rome ; sa santé physique et morale commençait à offrir des signes de dérangement. Alors une idée germa en elle : le verre d'orangeade de Saint-Cloud l'avait empoisonnée. Bien vite, il n'y eut plus de doute à avoir : l'Impératrice Charlotte était folle.

Un an plus tard, la tragédie atteignait toute son horreur avec le drame de Queretaro. « La douleur de l'Empereur et de l'Impératrice est profonde, » dit une dépêche du prince de Metternich. « Je les ai vus pleurer et se désoler d'un résultat qui entraîne jusqu'à un certain point leur responsabilité. » Un mot courut alors à Paris : « C'est la faute de l'Espagnole. »

Au mois de mai 1865, alors que la guerre faisait rage au Mexique, Napoléon III était parti pour l'Algérie ; son voyage dura cinq semaines. Au cours de son absence, l'Impératrice exerça la régence pour la seconde fois ; il en a déjà été parlé, à propos de l'incident, non sans importance, provoqué par le discours du prince Napoléon à Ajaccio.

Divers témoignages montrent que l'Impératrice voyait avec inquiétude les hésitations, les atermoiements, les contradictions de la politique impériale. Comme épouse et comme souveraine, elle souffrait de constater que l'état de santé de l'Empereur ne lui permettait pas de prendre des résolutions énergiques. On disait que Napoléon III était atteint de crises de rhumatisme ; il était atteint, en réalité, d'une maladie de la vessie, de caractère très grave. L'Impératrice ne pouvait pas ne pas éprouver de grandes inquiétudes ; elle faisait à ce propos des confidences au prince de Metternich. On en trouve l'écho dans une dépêche de cet ambassadeur à son gouvernement, en date du 26 juillet 1866. L'Empereur, lui a dit l'Impératrice, est « plus exténué que jamais ; » il est à la merci de celui dont il a fait un premier ministre, — Rouher, le vice-empereur ; — les conseils des ministres auxquels elle assistait depuis deux ans lui fournissaient des preuves de « cet épuisement ; » l'Empereur ne pouvait plus diriger le conseil. C'est au point qu'avant-hier lundi « l'Impératrice proposa à l'Empereur d'abdiquer et de lui confier la régence. » « Je vous assure, continua Sa Majesté, que nous marchons sur notre décadence et, ce qui vaudrait le mieux, c'est que l'Empereur disparût subitement, pour quelque temps du moins. » Metternich faisait suivre les propos de l'Impératrice de ses impressions personnelles : « Jamais, depuis que je connais le couple impérial, je n'ai vu l'Empereur si complètement nul et l'Impératrice prenant à cœur nos intérêts avec une fougue et un zèle si extrêmes. » Il ne faut point perdre de vue que cette dépêche, du 26 juillet, est postérieure de trois semaines à la catastrophe de Sadowa, quand l'armée autrichienne continuait son mouvement de retraite sur le Danube ; l'armistice de Nikolsbourg est du surlendemain, 28 juillet. Dans ces circonstances, qui pouvaient être désastreuses pour l'Autriche et de si grande conséquence pour la France, si l'Impératrice a vraiment songé à substituer à la politique d'inertie, dont elle était le témoin attristé, une politique de décision et de virilité, qui pourrait lui en faire un crime ? Les événements lui ont donné pleinement raison.

Depuis quelque temps, dans l'entourage de l'Empereur, on parlait d'Émile Ollivier ; sans la mort de Morny, qui était survenue au mois de mars 1865, le futur ministre de l'empire libéral aurait peut-être gagné plus tôt l'Empereur à ses idées politiques. L'Impératrice, à ce moment, paraissait bien prendre parti pour le régime constitutionnel. Elle avait entendu Persigny dire, chez la princesse Mathilde, que si le Corps législatif montrait quelques velléités d'opposition, l'Empereur le casserait et se passerait de lui ; son oncle s'était bien passé du Tribunat. L'Impératrice était intervenue aussitôt et, d'une voix animée, elle avait dit à Persigny : « Non, monsieur ; on peut le lui conseiller, mais l'Empereur ne fera pas une sottise pareille. »

L'Impératrice s'intéressait beaucoup au sort de la classe ouvrière. Émile Ollivier avait prononcé à la tribune du Corps législatif un discours important sur le droit de grève. Ce fut pour la souveraine une raison de le faire inviter aux Tuileries, pour l'entretenir directement. Elle s'occupait alors — c'était pendant sa régence de 1865 — de transformer en pénitenciers agricoles les prisons de régime cellulaire dans lesquelles étaient enfermés les jeunes détenus. Émile Ollivier était tout à fait partisan du même projet. Ainsi commencèrent des rapports qui aboutirent bientôt aux relations personnelles de l'Empereur et du futur ministre.

Mais que d'orages en perspective sur l'horizon politique ! Le procès Baudin avait fait lever contre l'auteur du deux décembre toute une moisson de haine. La puissance oratoire de Gambetta venait de s'y révéler d'une manière terrible. « Mon Dieu ! disait l'Impératrice, qu'est-ce que nous avons donc fait à ce jeune homme ? »

— 65 —

9

Au cours de son voyage en Égypte, elle avait appris que les agitateurs de profession avaient annoncé une journée d'émeute pour le mardi 26 octobre (1869); ils s'y préparèrent, par la propagande, un mois à l'avance. De loin elle suivait, par les dépêches qu'on lui envoyait, ce qui se passait, ce qui se préparait à Paris ; son éloignement ne faisait qu'augmenter son inquiétude. Du Caire, le 23 octobre, elle écrivait à l'Empereur : « Je me préoccupe beaucoup de la tournure de l'esprit public chez nous. Dieu veuille que tout se passe tranquillement et sagement [le 26], sans folie d'un côté et sans à-coup de l'autre, et que l'ordre sera maintenu sans user de la force, car le lendemain de *la victoire* est souvent difficile, plus difficile que la veille. Mais de loin je suis mauvais juge des événements. »

La « force » était prête à agir. Le préfet de police J.-M. Piétri avait fait afficher, le 25 octobre, le texte de la loi du 7-9 juin 1848 qui interdisait les attroupements. Les rieurs avaient été du côté du gouvernement, qui se protégeait contre une émeute possible avec une loi de la seconde république. En fait, le mardi 26 octobre se passa dans le calme le plus complet; l'Empereur s'étant promené à pied sur la terrasse des Tuileries, du côté de la place de la Concorde, quelques bandes, qui étaient sur la place, vinrent l'acclamer, et ce fut tout; ni manifestations, ni arrestations. L'Impératrice, mise au courant par une dépêche, exprimait à l'Empereur sa satisfaction, dans sa lettre « sur le Nil, » du 27 octobre ; elle y ajoutait quelques réflexions, qui n'étaient exemptes ni de sagesse ni de mélancolie.

« J'étais, dit-elle, bien tourmentée de la journée d'hier et de te savoir à Paris sans moi ; mais tout s'est bien passé, à ce que je vois par ta dépêche. Quand on voit les autres peuples, on juge et apprécie bien plus l'injustice du nôtre. Je pense, *malgré tout*, qu'il faut ne pas se décourager et marcher dans la voie que tu as inaugurée ; la bonne foi dans les concessions données, comme du reste on le pense et dit, est une bonne chose. J'espère donc que ton discours sera dans ce sens. Plus on aura besoin de force plus tard, et plus il est nécessaire de prouver au pays qu'on a des *idées* et non des *expédients*. Je suis bien loin et bien ignorante des choses depuis mon départ pour parler ainsi; mais je suis intimement convaincue que la suite dans les idées, c'est la véritable force. Je n'aime pas les à-coups, et je suis persuadée qu'on ne fait pas deux fois dans le même règne des coups d'État. Je parle à tort et à travers, car je prêche un converti qui en sait plus long que moi. Mais il faut bien dire quelque chose, ne fût-ce que pour prouver ce que tu sais, que mon cœur est près de vous deux; et si, dans les jours de calme, mon esprit vagabond aime à se promener dans les espaces, c'est près de vous deux que j'aime à être les jours de souci et d'inquiétude.

« Loin des hommes et des choses, on respire un calme qui fait du bien, et, par un effort d'imagination, je me figure que tout va bien, puisque je ne sais rien. Amuse-toi, je crois indispensable la distraction; il faut se refaire un moral, comme on se refait une constitution affaiblie, et une idée constante finit par user le cerveau le mieux organisé. J'en ai fait l'expérience; et de tout ce qui dans ma vie a terni les belles couleurs de mes illusions, je ne veux plus en entretenir le souvenir. Ma vie est finie, mais je revis dans mon fils, et je crois que ce sont les vraies joies, celles qui traverseront son cœur pour venir au mien...

« Au revoir et crois à l'amitié de ta toute dévouée EUGÉNIE. »

Peu de jours après le retour de l'Impératrice, l'évolution politique qu'elle avait souhaitée était un fait accompli. Émile Ollivier était nommé garde des Sceaux, le 2 janvier 1870; l'Empire libéral avait son premier ministère.

L'Impératrice demeura-t-elle longtemps fidèle aux sentiments politiques qu'elle avait exprimés dans sa lettre du 27 octobre 1869? Ne vit-elle pas d'un œil de jalousie l'influence grandissante que prenait Émile Ollivier? Les salons du ministère de la Justice, place Vendôme, recevaient à présent plus de visites que les salons des Tuileries. « Adressez-vous aux ministres, » répondait-elle à ceux qui lui demandaient une grâce. « Moi, je ne suis plus rien... Je ne sais vraiment quel charme a Ollivier; l'Empereur en est amoureux. » N'éprouva-t-elle pas du dépit à se voir évincer du conseil des ministres, où l'Empereur la faisait assister depuis plusieurs années? Cette décision avait été l'une des premières qu'avait prises le nouveau garde des Sceaux. « C'était logique, » disait plus tard l'Impératrice avec une indifférence apparente. « Je n'avais plus besoin d'apprendre un métier que je ne devais plus exercer. »

Quelque trente ans plus tard, à Farnborough, elle faisait cet aveu à l'ancien précepteur du Prince impérial : « J'étais opposée à ce que l'Empereur poussât plus loin ses réformes libérales. Suivant moi, il devait rester ce qu'il était; la liberté eût été le don de joyeux avènement de son fils. » Au fond, son esprit d'autorité admettait mal un régime dans lequel le rôle du chef de l'État se borne à donner des signatures; elle allait le prouver au cours de sa troisième régence.

XI

LES DERNIÈRES SEMAINES AUX TUILERIES

Deux mois, du 6 juillet 1870 au 4 septembre, forment ce qu'on a appelé le grand moment de la vie de l'Impératrice. Jusqu'au 28 juillet, elle fut mêlée, à titre de témoin ou d'acteur, aux diverses péripéties qui naquirent de la candidature de Léopold de Hohenzollern à la couronne d'Espagne. Ensuite, pendant cinq semaines, elle porta, comme régente, la responsabilité du drame le plus terrible que la France ait traversé depuis les catastrophes finales du Premier Empire.

L'Impératrice s'est toujours défendue d'avoir dit, en parlant de la guerre de 70 : « C'est ma guerre. » Cette parole, cynique autant qu'invraisemblable, a été démentie d'une telle manière qu'elle doit être pour toujours rayée de l'histoire. Il reste à préciser le rôle même qu'elle a eu en ce tragique mois de juillet.

Le 6, le duc de Gramont, ministre des Affaires étrangères, avait fait, au Corps législatif, la déclaration menaçante que la grande majorité de l'assemblée avait applaudie avec enthousiasme. Quarante-huit heures plus tard, le prince de Metternich envoyait cette dépêche à Vienne : « J'ai trouvé l'Impératrice tellement montée en faveur de la guerre que je n'ai pu m'empêcher de la plaisanter un peu... L'Impératrice est rajeunie de dix ans, à l'idée d'un triomphe politique ou de la guerre. » Il faut faire attention à ces mots : l'idée d'un triomphe politique, car ils donnent la raison des sentiments de l'Impératrice. Elle avait cruellement souffert en 1866 de l'inaction du gouvernement ; Sadowa avait fait à notre situation en Europe une blessure profonde ; allait-on rester davantage sous le coup de cette humiliation ? En parlant de son fils, elle disait : « Cet enfant ne régnera pas, si l'on ne répare pas le malheur de Sadowa. » L'occasion de le réparer s'offrait d'elle-même, avec l'incident Hohenzollern ; comment ne pas la saisir sur le champ ? Les hommes du métier garantissaient le succès de nos armes ; il n'y avait donc pas à hésiter, si la guerre devait être une succession de victoires. « Elle crut comme à peu près tout le monde, » a dit Ernest Lavisse, « que la victoire était certaine et serait prompte. Elle rêva d'un retour triomphal des troupes ; sous l'Arc élevé à la gloire de l'Oncle passeraient le neveu et le petit-neveu, Napoléon III et celui qui certainement un jour serait Napoléon IV. »

Sur l'état d'âme de l'Impératrice, les *Souvenirs* de la princesse de Metternich apportent un témoignage qui a son prix. Dans la première quinzaine de juillet, — plus exactement ce devait être à une date assez voisine du 6, — la princesse, qui était retenue à Bougival par la naissance récente d'un enfant, reçut la visite de l'Empereur et de l'Impératrice ; ils étaient venus de Saint-Cloud à l'improviste. On parla de la guerre avec la Prusse qui menaçait d'éclater. « Ah ! Dieu fasse, dit l'Impératrice, qu'il n'y ait pas de guerre ; mais la paix achetée au prix du déshonneur serait un malheur égal et la France ne s'en accommoderait pas. »

Il n'y a rien à blâmer dans cette parole, qui met en balance l'horreur de la guerre et le devoir de l'honneur national ; mais il semble bien que cet équilibre n'ait été qu'un état passager et que la passion ait été bientôt maîtresse de celle qu'Émile Ollivier appelle « une femme affolée. » Le 12 juillet, on avait eu connaissance de la renonciation du prince de Hohenzollern ; faut-il croire au mot que l'Impératrice aurait dit à cette nouvelle ? « C'est une honte ! L'Empire va tomber en quenouille. » Le lendemain 13, un conseil tenu à Saint-Cloud sous la présidence de l'Empereur repoussait, par huit voix contre quatre, le rappel des réserves qu'avait demandé le maréchal Le Bœuf, ministre de la Guerre. L'Impératrice en éprouva un vif mécontentement ; du moins, c'est Émile Ollivier qui le rapporte, en parlant ainsi du déjeuner qui suivit immédiatement ce conseil. « J'étais, dit-il, à gauche de l'Impératrice ; elle affecta de ne pas m'adresser la parole et, quand je la provoquais à la conversation, elle me répondait à peine, à mots saccadés. A peine fut-elle polie lorsque nous prîmes congé. »

La dépêche d'Ems fut connue à Paris le 14 au matin. Dans l'après-midi du même jour, l'Empereur réunissait le conseil aux Tuileries. On y arrêta le projet d'une délibération par laquelle la France faisait appel à un congrès européen. L'Empereur, à la sortie du conseil, le donna à lire à l'Impératrice. « Je doute, dit-elle, que cela réponde au sentiment des chambres et du pays. » Le soir, à Saint-Cloud, elle en parla avec Le Bœuf qui déclara que la guerre eût certainement mieux valu, mais puisqu'on y renonçait, la déclaration était la meilleure solution. « Comment ! s'écria-t-elle, vous aussi vous approuvez cette lâcheté ? Si vous voulez vous déshonorer, ne déshonorez pas l'Empereur. »

Un nouveau conseil s'ouvrit à Saint-Cloud, le même jour, 14 juillet, vers 10 heures du soir ; il s'agissait d'examiner si l'on maintenait ou non la décision prise au sujet des réserves. A ce conseil, pour la première fois depuis l'exclusion dont Émile Ollivier l'avait frappée à son arrivée aux affaires, assistait l'Impératrice. Au témoignage de l'auteur de *l'Empire libéral*, elle écouta la discussion sans prononcer une parole. Le conseil opina pour le rappel des réserves. De nouveau, le 15 juillet au matin, la souveraine assistait à un autre conseil, celui où fut prise la décision irrévocable : la guerre y fut votée à l'unanimité. Ainsi l'Impératrice rentra, si l'on peut dire, dans la vie politique avec ces deux conseils tenus à Saint-Cloud le 14 juillet au soir, le 15 juillet au matin. Elle ne parla pas plus dans le second que dans le premier ; « seule, dit Émile Ollivier, elle n'exprima aucune opinion et ne vota pas. »

Tels sont les faits concernant l'Impératrice ; ils ne paraissent pas contestables, malgré quelques assertions divergentes. A quel point engagent-ils sa responsabilité ? Elle aurait pu prendre la parole, dans un sens ou dans l'autre ; elle ne l'a pas fait. Elle s'est donc associée, moralement au moins, car elle n'a pas voté, au vote du 15 juillet, après lequel tout espoir de paix était définitivement écarté. La guerre, cela ne peut se mettre en doute, répondait à la conception qu'elle avait de l'intérêt national et de l'intérêt dynastique, et elle avait fini par faire partager sa manière de voir à la volonté vacillante de l'Empereur malade. Mais en conclure, comme on l'a dit, qu'elle fut, du côté de la France, le principal artisan de la guerre, c'est, semble-t-il, aller trop loin. Elle désirait la guerre dans son for intérieur, pour les raisons que l'on sait ; à plusieurs reprises, elle a manifesté ses sentiments dans son entourage immédiat ; elle a pris part, du fait de sa présence et de son silence même, à la déclaration de guerre. Tels sont, croyons-nous, le genre et la part de responsabilité qui lui revient dans le drame du milieu de juillet. Sa responsabilité est une complicité morale.

Supposons que la guerre avec la Prusse ait abouti aux victoires que l'on escomptait. Que n'eût-on pas dit alors pour mettre en lumière et faire valoir l'influence de l'Impératrice ? C'est elle qui aurait fait tomber les hésitations de l'Empereur, qui aurait ainsi déterminé la rupture finale ; même dans son rôle d'Égérie silencieuse aux deux conseils du 14 et du 15 juillet, elle aurait été l'inspiratrice des décisions viriles ; par suite, c'est à elle qu'il aurait fallu faire remonter l'honneur des victoires nationales et de la gloire dynastique. Les choses ont tourné tout autrement ; mais l'Impératrice n'en doit pas moins répondre de ses actes.

Le 26 juillet, Napoléon III signait à Saint-Cloud le décret qui conférait la régence à l'Impératrice ; deux jours plus tard, il quittait ce palais avec son fils, pour se mettre à la tête de l'armée. On devine ce que furent leurs adieux. Les trois membres de la famille impériale ne devaient plus se trouver réunis que sur la terre d'exil.

Au moment où l'Impératrice devenait le chef officiel du gouvernement, elle recevait d'Octave Feuillet, l'un des hôtes les plus familiers de Compiègne, une lettre émouvante :

« Madame, Vous vous plaisez aux choses héroïques, et voici que Dieu vous envoie des épreuves à la hauteur de votre âme. Jamais émotions plus grandes n'entrèrent dans un cœur plus digne de les ressentir... Vous êtes en ce moment, Madame, la vivante image de la patrie. On peut lire sur votre noble front tous les sentiments dont elle est animée, tout ce qu'elle souffre et tout ce qu'elle espère, ses déchirements, sa fierté, son enthousiasme, sa foi. L'âme de la France est avec vous. »

Les jours se passèrent dans l'attente des grands événements. L'affaire de Sarrebrück, si sottement dénaturée par la malveillance à l'égard du Prince impérial, ne fut qu'un épisode sans portée. Les heures tragiques arrivèrent bien vite. Le 6 août au soir, on reçut les pires nouvelles : Mac-Mahon battu à Wœrth et son armée en pleine déroute, Frossard battu à Spicheren, les armées ennemies s'ouvrant en France une double route d'invasion. Le parti de l'Impératrice est pris sur l'heure : il faut quitter Saint-Cloud et rentrer à Paris.

Qu'elle ait été profondément émue, que ses larmes aient coulé en apprenant ces catastrophes : quoi de plus naturel ? « Mettez-vous devant moi, » dit-elle à un prêtre de l'aumônerie impériale, « servez-moi d'écran. » Elle ne voulait pas qu'on s'aperçût de ses larmes. Mais bien vite elle se ressaisit. L'ordre est donné de partir immédiatement, dans la nuit même. Des dépêches sont envoyées aux membres du conseil privé et aux ministres pour se rendre sans retard aux Tuileries. Elle-même y arrive à trois heures du matin (nuit du 6 au 7 août). Tout de suite le conseil s'ouvrit sous sa présidence.

Quelques heures plus tard, le 7 août, elle adressait une dépêche à l'Empereur : « Je suis très satisfaite des résolutions prises au conseil des ministres et je suis persuadée que nous mènerons les Prussiens l'épée dans les reins jusqu'à la frontière. Courage donc ! Avec de l'énergie, nous dominerons la situation. Je réponds de Paris et je vous embrasse tous les deux. » Elle avait appris que Napoléon III, accablé par les deux défaites de la veille, avait eu l'idée de revenir à Paris ; pour elle, ce n'est pas du tout son sentiment ; elle lui télégraphie : « Avez-vous réfléchi à toutes les conséquences qu'amènerait votre rentrée à Paris sous le coup de deux revers ? Pour moi, je n'ose prendre la responsabilité d'un conseil. Si vous vous y décidez, il faudrait au moins que la mesure fût présentée au pays comme provisoire : l'Empereur revenant à

Paris réorganiser la deuxième armée et confiant provisoirement le commandement en chef de l'armée du Rhin à Bazaine. »

L'énergie de l'Impératrice frappa tous ceux qui l'approchèrent. Le 7 août au soir, Émile Ollivier télégraphiait à l'Empereur à Metz : « Nous sommes tous unis ; nous délibérons avec le conseil privé dans le plus parfait accord. L'Impératrice est très bien de santé ; elle nous donne à tous l'exemple du courage, de la fermeté et de la hauteur d'âme. » Mérimée la vit aux Tuileries le 9 août ; il écrivit à son ami Panizzi : « Elle est ferme comme un roc, bien que, certes, elle ne se dissimule pas l'horreur de sa situation. » Et à Mme de Montijo : « Elle m'a dit qu'elle ne sentait pas la fatigue. Si tout le monde avait son courage, le pays serait sauvé. » Elle était, en un mot, la souveraine dont la première parole, à la nouvelle des désastres du 6 août, avait été : « La dynastie est perdue, il ne faut plus songer qu'à la France. » Ce sont les paroles qu'elle répétait plus tard à Ernest Lavisse, dans une conversation qu'elle avait avec lui, à Arenenberg, sur le rôle de Bazaine, à la trahison duquel, pour le dire en passant, elle ne voulut jamais croire. « Si vous me croyez capable, » dit-elle à son hôte d'un ton véhément, « de préférer la dynastie à la France, c'est que vous ne me connaissez pas. »

Le maintien d'Émile Ollivier aux affaires n'était plus possible. Par qui le remplacer ? Avec qui constituer, dans ces circonstances presque désespérées, un ministère nouveau ? Les journées du 7 août, du 8, la nuit du 8 au 9 furent occupées par des allées et venues continuelles d'hommes politiques ; enfin, après bien des pourparlers et de cruelles heures d'insomnie, l'Impératrice constitua le 9 août le ministère Palikao.

La grande affaire fut bientôt de secourir l'armée de Bazaine, qui était enfermée dans Metz depuis les batailles du 16 et du 18 août. L'Impératrice s'en faisait comme un point d'honneur ; pour elle, il était odieux de laisser périr sans secours l'armée héroïque de Gravelotte et de Saint-Privat. Aussi ne fallait-il pas que l'armée de Mac-Mahon vînt se reformer sous les murs de Paris ; il fallait moins encore que l'Empereur rentrât dans la capitale. Des décisions en vue du retour avaient été prises à Châlons, dans un conseil de guerre présidé par Napoléon III le 16 août. L'Impératrice en fut avisée dans la nuit du 16 au 17 ; elle eut sur l'heure une conférence avec le général Trochu, que l'Empereur venait de nommer gouverneur de Paris. Le préfet de police Piétri y assistait ; il était convaincu que le retour de l'Empereur déchaînerait la révolution. « Supposez, » dit l'Impératrice à Trochu, « l'Empereur dans ce palais, qui est le piège où l'on prend les souverains. Qu'arriverait-il ? Imaginez l'assaut de toutes les haines coalisées contre lui. De deux choses l'une : ou l'armée prendrait son parti et alors ce serait une guerre civile entre elle et les Parisiens armés, ou elle l'abandonnerait et ce serait un massacre. Dans les deux cas, qui gagnerait ? Les Prussiens. » Certainement, en ce qui concerne l'Empereur, elle était dans le vrai ; pour la marche de Mac-Mahon en direction de Metz qu'ordonna, qu'imposa Palikao, qui pouvait prévoir que, d'hésitations en hésitations, de contre-ordres en contre-ordres, elle dût aboutir à la catastrophe affreuse du 1ᵉʳ et du 2 septembre ?

Quelqu'un n'aiderait-il pas l'Impératrice à arrêter, à ralentir cette course vertigineuse qui l'entraînait à l'abîme et, avec elle, la dynastie et la France ? Pourquoi Thiers, dont la perspicacité avait été si clairvoyante à la séance du 15 juillet, dans laquelle avaient été votés, malgré lui, les cinquante millions pour la guerre, pourquoi Thiers, « l'historien national, » ne mettrait-il pas son expérience et ses conseils au service de la Régente ? Le comte d'Haussonville, dans *Mon Journal pendant la guerre*, a rapporté, à la date du 21 août, deux conversations que Thiers venait d'avoir avec Mérimée et dont il tenait le récit de Thiers lui-même.

Mérimée était venu le voir. L'Impératrice, lui avait-il dit, savait qu'il était bon citoyen ; elle espérait qu'il ne lui refuserait pas ses avis, pour le mieux du pays. Thiers avait répondu que sans doute il était bon citoyen ; mais venir lui demander des conseils, quand on était sur les bords mêmes de cet abîme qu'il avait tant de fois signalé, c'était se créer une situation impossible. Il avait prononcé le mot d'abdication. Mérimée avait fait comme un bond en arrière.

Cependant Mérimée était revenu à la charge : il avait demandé un nouveau rendez-vous à Thiers par une lettre qui se terminait ainsi : « Soyez bien assuré que l'on ne cède à aucune préoccupation personnelle. On est exclusivement préoccupé de ce qui regarde le salut du pays. » Ce second entretien avait eu lieu le 20 août. Thiers déclara qu'il n'avait rien à ajouter à la conversation précédente. « On ne croirait pas, dit-il, à la sincérité de ces conseils. Je ne les donnerais pas moi-même d'un esprit tranquille. Je remerciai de la preuve de confiance, mais je devais m'abstenir. » Bref, Thiers ne voulut pas répondre à un appel deux fois répété.

Les derniers jours du mois d'août furent pour l'Impératrice des jours d'angoisse sans répit. Pourquoi l'armée de Bazaine ne tentait-elle pas de sortir de Metz ? Pourquoi ces lenteurs, ces arrêts, ces rebroussements de l'armée de Mac-Mahon ? Le prince de Metternich, qui vit la Régente le 31 août, envoya cette dépêche à Vienne : « L'Impératrice est morte de fatigue et d'émotion. Elle m'a dit qu'elle avait passé la nuit à se dire qu'elle était folle, que tout cela n'était pas vrai, n'était que le travail d'un cerveau fêlé. Elle en était si persuadée que le matin, à son réveil, elle s'est mise à pleurer de désespoir de n'être pas folle. »

Ce fut le 3 septembre seulement, vers cinq heures du soir, qu'une dépêche de l'Empereur apprit à l'Impératrice le désastre épouvantable dont Sedan venait d'être le théâtre les deux jours précédents : « L'armée est défaite et captive ; moi-même, je suis prisonnier. » Peu d'instants après, Augustin Filon aperçut la Régente au palais des Tuileries. « Au premier regard, a-t-il dit, nous comprîmes qu'elle savait. Elle était pâle, terrible, les yeux durs, flambants de colère, presque défigurée par l'émotion. Elle nous cria : « Vous savez ce qu'ils « prétendent ! que l'Empereur s'est rendu, qu'il a capitulé !... Vous ne croyez « pas cette infamie ? » Épouvantés, nous nous taisions. Elle reprit avec une violence inouïe, nous menaçant presque : « Vous ne le croyez pas ? » — « Madame, » essaya de dire Conti, « il y a des circonstances où le plus brave... » Elle l'interrompit, et son âme, soulevée jusque dans ses dernières profondeurs, se répandit en un torrent de paroles tumultueuses et folles... Cela dura cinq longues, cinq effroyables minutes. Elle redescendit l'escalier, retournant au conseil. Nous, nous restâmes anéantis, hébétés, comme des gens sur lesquels vient de passer un cyclone. »

La malheureuse femme ne savait pas alors, dans cette terrible après-midi du 3 septembre, que l'Empereur, pendant la journée de Sedan, avait erré à cheval sur les points les plus menacés du champ de bataille : comme une cible vivante, il avait cherché la mort et la mort n'avait pas voulu de lui. Plus tard seulement l'Impératrice connut toute l'horrible vérité ; une angoisse rétrospective s'ajouta à toutes les angoisses qui avaient fait en elle des blessures si douloureuses. Peut-être eut-elle regret des cris d'indignation et de révolte que l'orgueil et le patriotisme lui avaient arrachés. Mais combien la soudaineté de ce « cyclone » permet de saisir sur le vif la nature de cette âme ardente, primesautière et, avant tout, généreuse !

XII

LE QUATRE SEPTEMBRE

On devine ce que dut être pour la Régente la nuit du 3 au 4 septembre ; elle avait refusé de se rendre au Palais-Bourbon, où le Corps législatif tenait une séance de nuit ; en vérité, elle n'avait rien à y faire. Le 4 septembre était un dimanche ; à sept heures et demie, elle entendit la messe dans son oratoire. Des familiers lui conseillaient de se retirer avec le gouvernement dans une ville de la Loire. « Ce serait la guerre civile, répondit-elle. Et à quoi bon ? Qui n'a plus Paris n'a rien. Je ne bougerai pas d'ici. » Elle envoya une dépêche à sa mère, qui était à Madrid : « Le général Wimpffen, qui avait pris le commandement après la blessure de Mac-Mahon, a capitulé et l'Empereur a été fait prisonnier. Seul, sans commandement, il a subi ce qu'il ne pouvait empêcher. Toute la journée il a été au feu. Du courage, chère Mère ; si la France veut se défendre, elle le peut. Je ferai mon devoir. Ta malheureuse fille. »

La veille au soir, c'est-à-dire après avoir reçu la dépêche fatale, l'Impératrice avait fait inviter le général Trochu, par l'intermédiaire du ministre de l'Intérieur Henri Chevreau, à venir conférer avec elle. Aux instances de Chevreau, Trochu répondit qu'il descendait de cheval ; il était fatigué, il n'avait pas dîné ; il irait aux Tuileries dans la soirée. La soirée et la nuit se passèrent, et le gouverneur de Paris, qui habitait au Louvre, ne vint point. Le dimanche matin, la Régente envoya chez Trochu l'amiral Jurien de la Gravière pour lui rappeler la visite promise et attendue. Au retour de l'amiral : « Hé bien, le général Trochu ? » dit l'Impératrice. L'amiral laissa tomber les bras d'un geste d'accablement : le gouverneur envoyait à sa place son chef d'état-major, qui d'ailleurs ne dépassa pas le seuil des Tuileries. Devant la commission d'enquête, Trochu dira plus tard de l'Impératrice : « Cette femme est une Romaine. » Mais lui, qui avait accablé l'Impératrice, une quinzaine de jours plus tôt, de la prolixité de ses protestations, qu'étaient devenues ses promesses solennelles de « Breton » et de « soldat ? »

Sur la place de la Concorde se réunissaient des bandes et des gardes

nationaux en armes ; songeaient-ils à une attaque des Tuileries ? L'Impératrice réitéra, d'une manière formelle, au général Mellinet, qui commandait le
palais, la défense de tirer sur les manifestants. Vers midi et demi, on lui
annonça la visite d'un groupe de députés. Deux d'entre eux, Buffet et Daru
demandèrent à la Régente de remettre ses pouvoirs au Corps législatif ; c'était,
d'après eux, le seul moyen d'empêcher d'aboutir le projet de déchéance,
dont la proposition avait été faite au Palais-Bourbon par Jules Favre, dans
une séance de nuit, environ douze heures plus tôt. La réponse immédiate de
l'Impératrice, faite d'un ton très ferme et très calme, fut la suivante ; on la
connaît par la déposition même de Buffet et de Daru devant la commission
d'enquête parlementaire.

« Ce que vous me proposez, Messieurs, réserve, dites-vous, l'avenir,
mais à la condition que j'abandonne le présent et, à l'heure du plus grand
péril, le poste qui m'a été confié. Je ne le puis, je ne dois pas y consentir.
L'avenir est aujourd'hui ce qui me préoccupe le moins ; non pas assurément
l'avenir de la France, mais l'avenir de notre dynastie. Croyez-moi, Messieurs,
les épreuves que je viens de subir ont été tellement douloureuses, tellement
horribles que, dans ce moment, la pensée de conserver cette couronne à l'Empereur et à mon fils me touche très peu. Mon unique souci, ma seule ambition
est de remplir, dans toute son étendue, les devoirs qui me sont imposés. Si
vous croyez, si le Corps législatif croit que je sois un obstacle, que le nom de
l'Empereur soit un obstacle et non une force pour dominer la situation et
organiser la résistance, que l'on prononce la déchéance ; je ne me plaindrai
pas. Je pourrai quitter mon poste avec honneur, je ne l'aurai pas déserté.
Mais je suis convaincue que la seule conduite sensée, patriotique, pour les
représentants du pays, serait de se serrer autour de moi, autour de mon
gouvernement, de laisser de côté, quant à présent, toutes les questions inté-
rieures et d'unir étroitement nos efforts pour repousser l'invasion. »

Après avoir rappelé l'exemple des Cortès de Cadix qui étaient restées
fidèles à leur roi, elle avait ajouté :

« Quant à moi, je suis prête à affronter tous les dangers et à suivre le
Corps législatif, partout où il voudra organiser la résistance. Si cette résistance était reconnue impossible, je crois que je serais encore utile pour obtenir
des conditions de paix moins défavorables.

« Hier, le représentant d'une grande puissance m'a offert de proposer
une médiation des États neutres sur ces deux bases : intégrité du territoire
de la France et maintien de la dynastie impériale. J'ai répondu que j'étais
disposée à accepter une médiation sur le premier point ; mais je l'ai énergiquement repoussée sur le second. Le maintien de la dynastie est une ques-

tion qui ne regarde que le pays, et je ne souffrirais pas que les puissances
étrangères interviennent dans nos arrangements intérieurs. »

Comment ces paroles viriles n'auraient-elles pas provoqué une émotion
profonde parmi ceux qui les entendirent? Elles justifiaient pleinement l'opinion
de l'Empereur, quand il avait dit, dans son discours du 22 janvier 1853,
que la future Impératrice serait pour le trône, « au jour du danger, un de
ses courageux appuis. » Mais les temps n'étaient plus sans doute du *Moriamur
pro rege nostro Maria Theresa.* Les députés insistèrent sur l'urgence, sur le
devoir de l'abdication. L'Impératrice finit par se résigner :

« Vous le voulez, Messieurs, ce n'était pas mon sentiment ; mais je laisse
de côté tout ce qui m'est personnel. Seulement, je veux agir régulièrement ; je
veux que mon cabinet soit consulté. Si mes ministres sont d'accord avec vous
sur les mesures que vous me proposez de prendre, l'obstacle ne viendra pas
de moi. Parlez-en au comte de Palikao ; s'il adhère, j'adhérerai. »

Il n'y avait plus qu'à attendre les résolutions que prendrait le Corps
législatif. Mais les pires nouvelles se succèdent : l'émeute vient d'envahir le
Palais-Bourbon. Trois ministres, Jérôme David, Busson-Billault, Henri Chevreau insistent auprès de l'Impératrice pour qu'elle veille à sa propre sûreté ;
elle refuse de fuir. Le général Mellinet demande à repousser la force par la
force. « Non, » dit-elle une fois de plus. « Périsse la dynastie plutôt que de
coûter la vie à un Français ! » Le préfet de police Piétri arrive un peu après
trois heures. Pour lui, l'hésitation n'est pas permise ; dans quinze ou
vingt minutes le palais va être envahi. Le prince de Metternich et le chevalier Nigra, accourus aux côtés de l'Impératrice dès le triomphe de l'émeute,
joignent leurs insistances à celles des ministres : il faut partir, partir tout de
suite ; rester plus longtemps, c'est attirer sur les serviteurs fidèles qui sont
restés aux Tuileries le sort qui menace dans quelques instants l'Impératrice.
Devant cet argument, elle céda.

Immédiatement le départ fut improvisé : le temps de mettre un chapeau,
de dire adieu aux personnes présentes, et l'Impératrice, qu'accompagnait sa
lectrice Mme Lebreton, se mit en route, conduite, ou plutôt entraînée par Metternich et Nigra ; cette petite troupe comprenait en tout sept personnes.
Il était trois heures et demie.

Les fugitifs avaient commencé par descendre l'escalier qui conduisait au
rez-de-chaussée, avec la pensée que l'Impératrice pourrait monter dans une
voiture de service. Mais la grille de la place du Carrousel était battue par
une foule qui chantait à tue-tête et poussait des cris : « A mort ! A mort ! »
La malheureuse Impératrice, qui avait si souvent pensé à Marie-Antoinette,
se rappela-t-elle, à cette heure dramatique, la journée du 10 août? On remonta

l'escalier. Par la galerie de Diane on arriva au pavillon de Flore ; de là, en tournant à gauche, dans la nouvelle salle des États, où, le 21 mai précédent, avaient été proclamés en grande pompe les résultats du plébiscite. La porte qui faisait communiquer cette salle avec la Grande Galerie du Louvre était fermée. Il y eut un moment de grande inquiétude ; on percevait les cris menaçants de la foule sur la place du Carrousel. Enfin on put ouvrir la porte. Alors, par la Grande Galerie, le Salon carré, la galerie d'Apollon, on arriva dans la salle des Sept Cheminées. Là, on s'arrêta, à la hauteur du tableau de Géricault, le *Radeau de la Méduse*. L'Impératrice congédia les personnes qui l'accompagnaient, sauf Mme Lebreton, Metternich et Nigra. Puis, à travers les salles des antiquités grecques et égyptiennes, elle arriva au large escalier de pierre qui descend dans le musée égyptien du rez-de-chaussée. La porte de ce musée s'ouvre sur le grand passage voûté qui relie la cour du Louvre à la place Saint-Germain-l'Auxerrois. Les quatre personnes sortirent par cette porte. La grande grille qui donne sur la place fut ouverte par le concierge. L'Impératrice, qui était à présent hors du Louvre, s'arrêta un moment entre les deux parterres, tandis que la foule grossissait de plus en plus dans la rue du Louvre. Que devenir ? Metternich chercha une voiture ; il arrêta justement un fiacre fermé, à un cheval. Au moment où les deux femmes allaient monter en voiture, un gamin, qui rôdait à l'entour, poussa une exclamation : «Tiens, l'Impératrice ! » Nigra lui dit quelques mots pour détourner son attention. Metternich s'approcha des deux femmes qui avaient pris place dans la voiture, il les salua avec respect, et le cocher fouetta son cheval pour aller à l'adresse que l'une des deux femmes, Mme Lebreton, lui avait indiquée.

L'Impératrice venait de terminer son règne, à l'âge de quarante-quatre ans ; il lui restait encore cinquante ans à vivre.

XIII

LA FUITE EN ANGLETERRE

Le fiacre qui menait les deux fugitives à travers Paris en révolution suivit la rue de Rivoli jusqu'à la rue du 29 Juillet ; l'Impératrice eut tout le loisir d'entendre les cris : « A bas Badinguet ! Déchéance ! Vive la République ! » Puis, par des rues un peu moins encombrées, la voiture arriva boulevard Malesherbes, devant la maison où habitait un conseiller d'État, M. Besson. Les deux femmes quittèrent la voiture et montèrent. Elles sonnèrent à plusieurs reprises : personne. Les voilà de nouveau dans la rue, toutes seules. Heureusement, le quartier était beaucoup plus tranquille. Elles prirent une voiture qui passait. Avenue de Wagram, personne encore ; elles avaient pensé à un chambellan de la cour. Alors l'idée leur vint de la légation des États-Unis, mais elles n'en connaissaient pas l'adresse. « Chez le docteur Evans, » dit tout à coup l'Impératrice ; c'était un dentiste américain, qui lui était très attaché, à elle et à l'Empereur. La voiture les conduisit à son hôtel, au coin de l'avenue de l'Impératrice (avenue du Bois de Boulogne) et de l'avenue Malakoff. Il était environ cinq heures. Le docteur était sorti ; mais les deux femmes furent introduites dans la bibliothèque.

Evans rentra à la fin de l'après-midi. Sa surprise fut extrême de reconnaître l'Impératrice dans l'une des deux visiteuses. Elle lui dit qu'elle se confiait à lui ; elle désirait passer en Angleterre au plus tôt ; elle et sa compagne avaient quitté les Tuileries les mains vides ; elles n'avaient absolument rien, en dehors de la monnaie d'un billet de cinq cents francs, que Lesseps avait remise dans la matinée à Mme Lebreton. La soirée se passa à combiner les préparatifs du départ, il fut décidé qu'on partirait en voiture le lendemain matin, à cinq heures et demie ; il s'agissait de gagner Deauville. Un Américain, le docteur Crane, avait été mis dans la confidence ; avec le docteur Evans, il accompagna l'Impératrice et Mme Lebreton.

Sans aucune difficulté et sans avoir attiré l'attention de personne, la voiture sortit de Paris par la porte Maillot. Rien d'anormal dans ce que les fugitifs purent remarquer : les balayeurs étaient à leur travail, les boutiquiers enlevaient leurs volets, les voitures de maraîchers et de laitiers se dirigeaient vers l'intérieur de Paris.

En suivant la route de Saint-Germain, l'Impératrice parla, à plusieurs reprises, de la journée de la veille. « J'avais déclaré, dit-elle, que jamais je ne quitterais les Tuileries en fiacre, comme Charles X et Louis-Philippe. Et c'est précisément ce que j'ai fait ! » On passa devant la Malmaison, qui rappelait tant de souvenirs de l'histoire de Napoléon. A Mantes, on changea de voiture, sans incident. Là, un journal apprit aux voyageurs la proclamation de la République, la constitution d'un gouvernement de la Défense nationale, que présidait le général Trochu. « Comment a-t-il pu nous trahir ainsi ! » fut la seule remarque de l'Impératrice. A Pacy-sur-Eure, force fut de prendre un autre véhicule, très incommode. On s'arrêta, à dix heures du soir, à un petit village, Thibouville, pour y passer la nuit. En entrant dans la triste chambre d'auberge où elle allait dormir, l'Impératrice fut prise comme d'un rire nerveux : « C'est vraiment trop drôle ! » disait-elle.

Le lendemain matin, 6 septembre, un train de chemin de fer conduisit les voyageurs de Serquigny à Lisieux. Là, l'Impératrice dut attendre, sous la pluie, que le Dr Evans ait pu trouver une voiture. Avec Mme Lebreton et le Dr Crane, elle s'était réfugiée sous une porte cochère pour éviter la pluie qui tombait très fort. Un jeune employé vint lui offrir une chaise : « Madame aimerait peut-être s'asseoir. » Elle le remercia, mais elle refusa la chaise, en ajoutant qu'elle attendait une voiture, qui devait venir d'un moment à l'autre. Enfin, à trois heures de l'après-midi environ, on arriva à Deauville. « Oh ! mon Dieu ! je suis sauvée ! » dit l'Impératrice, en entrant à l'hôtel où on la conduisit. Personne ne s'était occupé de sa fuite ni à Paris, ni le long de la route ; personne ne l'avait reconnue et n'avait songé à l'arrêter.

Il restait à passer en Angleterre. Evans s'adressa à un Anglais, sir John Burgoyne, propriétaire d'un petit yacht de plaisance, la *Gazelle* ; il lui expliqua le service extraordinaire pour lequel il faisait appel à son honneur. La chose fut convenue. Le soir même, à minuit, par un très mauvais temps, l'embarquement eut lieu. La nuit se passa à bord. Il n'y avait plus que trois fugitifs ; l'ami du Dr Evans était rentré à Paris. Vers sept heures du matin, le mercredi 7 septembre, la *Gazelle* prit la mer. La traversée fut affreuse ; le jour même, l'un des grands vaisseaux de guerre de l'Angleterre, le *Captain*, se perdait dans la Manche. La *Gazelle*, petit navire qui n'avait que dix-huit mètres de long, recevait des paquets de mer épouvantables ; le commandant songea,

pendant quelque temps, à se réfugier dans un port de la côte française. A la
fin de la journée, on commença à peine à découvrir l'île de Wight. La nuit fut
pire encore que le jour. L'Impératrice disait un peu plus tard à Evans :
« J'étais sûre que nous étions perdus ; mais, si singulier que cela puisse
paraître, je ne ressentais pas la moindre crainte. J'ai toujours aimé la mer,
et elle ne m'effrayait pas alors. Si je disparaissais maintenant, me disais-je,
la mort ne pourrait pas, peut-être, venir à un meilleur moment, ni me
donner une tombe plus désirable. » Vers minuit, la mer commença à se
calmer. Enfin, vers quatre heures du matin, la *Gazelle* abordait au petit
port de Ryde, dans l'île de Wight.

De là, les voyageurs se rembarquèrent pour traverser le bras du Spithead
et arriver à Portsmouth, puis à Brighton. Le D<r> Evans avait appris par un
journal que le Prince impérial, qui était passé en Belgique avant la bataille
de Sedan, venait d'arriver à Hastings. Le soir du même jour, jeudi 8 septembre, la mère et le fils se trouvaient réunis dans cette ville. Il y avait
quatre grands jours, depuis le départ des Tuileries, qu'ils étaient sans aucune
nouvelle l'un de l'autre.

XIV

CINQUANTE ANS HORS DE FRANCE

L'Impératrice ne pouvait demeurer dans l'hôtel de Hastings où le hasard l'avait conduite. Elle loua bientôt à Chislehurst, dans la banlieue sud de Londres, la propriété de Camden-Place, que lui avait indiquée le Dr Evans ; elle s'y installa avec son fils dès le 24 septembre.

Elle était encore à Hastings, quand elle écrivit au Tsar Alexandre III et à l'Empereur François-Joseph deux lettres, de caractère privé, comme elle pouvait seulement en écrire à présent, pour solliciter l'intervention de l'un et de l'autre en faveur de la paix. Elle disait en particulier au Tsar : « Je viens supplier Votre Majesté d'user de son influence afin qu'une paix honorable et durable puisse se conclure quand le moment sera venu. Que la France trouve chez Votre Majesté, quel que soit son gouvernement, les mêmes sentiments qu'elle nous avait montrés dans ces dures épreuves. » On devine le ton de chaque réponse, pleine de courtoisie et de sympathie impuissante. Ce fut encore à Hastings que commencèrent, dès le 12 septembre, d'abord à l'insu de l'Impératrice, les péripéties de l'incident Régnier ; ce personnage mystérieux s'était fait fort d'ouvrir des relations directes avec le maréchal Bazaine, enfermé dans Metz. On vit, en effet, arriver à Chislehurst, le 28 septembre, de la manière la plus inattendue, le général Bourbaki, qui commandait à Metz la garde impériale. Ni cette visite ni la visite d'un autre envoyé de Bazaine, le général Boyer, ni les démarches ténébreuses de Régnier n'eurent et ne pouvaient avoir aucun résultat. Le 27 octobre, Metz avait capitulé, et toute l'armée du Rhin était prisonnière.

Au général Boyer, qui lui avait appris ce malheur et qui était alors à Londres, l'Impératrice écrivit cette réponse :

« Je viens de recevoir votre lettre. Brisée par la douleur, je ne puis que vous exprimer mon admiration pour cette vaillante armée et ses chefs. Accablés par le nombre, mais gardiens fidèles de la gloire et de l'honneur de notre malheureuse patrie, ils ont conservé intacte la tradition de nos anciennes légions. Vous connaissez mes efforts et mon impuissance pour conjurer un sort que j'eusse voulu leur épargner au prix de mes plus chères espérances... Quand vous rejoindrez vos compagnons d'armes, dites-leur qu'ils ont été l'espérance, l'orgueil et la douleur d'une exilée comme eux. »

Au mois de novembre, dans le plus grand secret, l'Impératrice se rendit à Wilhelmshöhe, où l'Empereur était enfermé depuis la capitulation de Sedan. Elle n'y passa que quelques heures ; l'entrevue fut douloureuse entre les deux époux qui ne s'étaient pas revus depuis la séparation de Saint-Cloud. Les malheurs effroyables qui s'étaient abattus depuis lors sur leur trône et sur la France, et dans lesquels chacun avait sa part de responsabilité, leur firent oublier ce qui les avait divisés et les rapprochèrent pour toujours. Le comte de Montz, qui était le gouverneur allemand de Wilhelmshöhe, fut frappé de l'énergie et de l'autorité de l'Impératrice. « J'eus, dit-il, l'impression absolue qu'elle était habituée non seulement à se faire écouter, mais encore à avoir le dernier mot. »

En l'absence de l'Empereur, qui était prisonnier, et du moment que le gouvernement de la Défense nationale avait la tare, aux yeux de nos ennemis, d'être sorti d'une insurrection et non d'une consultation nationale, l'Impératrice, qui avait exercé la régence, pouvait représenter ce qui restait du côté français d'autorité régulière. Guillaume Ier et Bismarck le croyaient ou feignaient de le croire, dans l'espoir de diviser les Français. L'Impératrice ne tomba pas dans le piège ; à des ouvertures indirectes de pourparlers, elle fit répondre qu'elle ne pourrait donner suite que si les conditions de paix future lui étaient clairement indiquées. Quand elle connut ce que nos ennemis exigeaient, elle écrivit à Guillaume Ier, en le suppliant de ne pas commettre la faute d'annexer l'Alsace, s'il voulait que la paix fût sincère et durable. Le Roi de Prusse lui répondit, en se retranchant derrière les nécessités militaires.

« L'Allemagne, » lui écrivait-il de Versailles, le 26 octobre 1870, « veut être assurée que la guerre prochaine la trouvera mieux préparée à repousser l'agression sur laquelle nous pouvons compter, aussitôt que la France aura réparé ses forces et gagné des alliés. C'est cette triste considération seule, et non le désir d'agrandir ma patrie, dont le territoire est assez grand, qui me force à insister sur des cessions de territoire, qui n'ont d'autre but que de reculer le point de départ des armées françaises qui à l'avenir viendront nous attaquer. »

Ces documents furent communiqués en 1918, de la part de l'Impératrice et par l'intermédiaire d'une relation commune le Dr Hugenschmidt, au président du Conseil Georges Clémenceau ; lus par le ministre des Affaires étrangères Stéphen Pichon, dans le grand amphithéâtre de la Sorbonne, le 1er mars

Madame,

J'ai reçu la lettre que Votre Majesté a bien voulu m'adresser et vous a évoqué des souvenirs du passé que je ne puis rappeler sans regrets!

Personne plus que moi ne déplore le sang versé dans cette guerre qui, Votre Majesté le sait bien, n'a pas été provoqué par moi.

Depuis le commencement des hostilités ma préoccupation constante a été de ne rien négliger pour rendre à l'Europe les bienfaits de la paix si les moyens m'en étaient offerts par la France. L'entente aurait été facile tant que l'Empereur Napoléon s'était vu autorisé à traiter et mon gouvernement n'a aucun pas refusé d'entendre les propositions Jules Favre et de leur offrir les moyens de rendre la paix à la France. Lorsqu'à Ferrière des négociations purent être entamées au nom de Votre Majesté, on leur a fait un

conseil compris, et toutes les facilités furent accor-
dées au Maréchal Bazaine pour se mettre en relations
avec Votre Majesté; et quand le Général Boyer vint
ici, il était possible encore d'arriver à un arrange-
ment; les conditions préalables pouvaient être rem-
plies sans délai. Mais le temps s'est écoulé sans
que les garanties indispensables pour entrer en négociations eussent été données.

J'aime mon pays comme, Madame, Vous aimez
le Votre, et par conséquent je comprends les amer-
tumes qui remplissent le cœur de Votre Majesté,
et j'y compatis bien sincèrement. Mais après
avoir fait d'immenses sacrifices pour sa défense,
l'Allemagne veut être assurée, que la guerre
prochaine la trouvera mieux préparé à repousser l'agression sur laquelle nous pourrons compter, aussitôt que la France aura réparé ses forces
et rejoint ses alliés. C'est être trop considération seule, et tout le désir d'agrandir une patrie,
dont le territoire est assez grand, qui nous force
à insister sur des cessions de territoire, qui nous est

Lettre de Guillaume Ier a l'Impératrice Eugénie (Versailles, 26 octobre 1870)
(Archives nationales. Document conservé dans l'Armoire de fer.)

1918, à la séance où fut commémorée la protestation de l'Alsace et de la Lorraine, ils produisirent une impression profonde. L'Impératrice reçut, à cette occasion, les remercîments du gouvernement français. Notre ambassadeur à Londres, Paul Cambon, chargea Dom Fernand Cabrol, l'abbé de Saint-Michel de Farnborough, de lui remettre la lettre du président du Conseil. L'Impératrice, dont la vue était très affaiblie, ne pouvait pas lire la signature. Dom Cabrol lut le nom. « Et dire, s'exclama-t-elle, que c'est Clémenceau qui m'écrit, à moi ! » Malgré sa surprise, elle eut un très grand plaisir d'avoir reçu cette lettre.

Napoléon III avait été remis en liberté ; il arriva à Chislehurst le 20 mars 1871. Alors fut organisée autour des anciens souverains et de leur fils une manière de cour, avec les deux nièces de l'Impératrice, filles de la duchesse d'Albe (plus tard duchesse de Medina-Cœli et duchesse de Tamamès), avec le duc de Bassano, ancien grand chambellan, son fils le marquis de Bassano, le comte Clary, Mme Lebreton, Augustin Filon, précepteur du Prince, et quelques personnes, fidèles aux exilés, qui constituaient un service d'honneur.

La mort de Napoléon III survint le 9 janvier 1873. Ce ne fut pas seulement un grand deuil pour sa veuve et pour son fils ; ce fut encore un événement gros de conséquences politiques. Le nouveau chef du parti bonapartiste, Napoléon IV, était un jeune homme de près de dix-sept ans à cette époque, sur qui ses partisans pouvaient fonder de légitimes espérances. Dans les derniers jours du mois d'août 1870, quand on attendait les pires malheurs, l'Impératrice découragée avait envisagé pour le Prince impérial le repos du silence ; elle avait dit à Mérimée : « J'espère que mon fils n'aura pas d'ambition et qu'il vivra heureux dans l'obscurité. » Mais le Prince était à présent l'empereur de demain ; il fallait qu'il terminât d'abord ses études à l'École militaire de Woolwich, et qu'il se tînt ensuite à la disposition des impérialistes.

Aux funérailles de Napoléon III, célébrées à Chislehurst le 15 janvier 1873, derrière le Prince impérial, qui conduisait le deuil, marchait le prince Napoléon. L'Impératrice désira avoir une explication avec lui. « Voyons, lui dit-elle. Vous savez que je ne suis pas une femme à rancunes : oublions tous nos dissentiments, mettez votre main dans la mienne et qu'il ne soit plus question du passé ! » Le prince répondit, assez sèchement, qu'il ferait connaître ses conditions. Quelques jours après, il les communiqua par un intermédiaire : la direction absolue du parti, la garde de la personne même du Prince impérial. « Qu'ai-je donc fait pour mériter un pareil outrage ? » dit la mère en pleurs, quand elle apprit la seconde condition. Cette attitude du prince Napoléon fut une tristesse de plus pour les hôtes de Chislehurst.

La Reine Victoria venait souvent à Camden-Place pour rendre visite à l'Impératrice, comme plus tard elle vint à Farnborough ; jusqu'à sa mort, elle lui conserva la sympathie la plus affectueuse. Le Tsar Alexandre III, qui avait fait le voyage d'Angleterre pour le mariage de sa fille avec le duc d'Édimbourg, vint saluer la souveraine qui l'avait reçu aux Tuileries en 1867 ; c'était quelques mois après la mort de l'Empereur. Il y avait les allées et venues de quelques fidèles, courtisans du malheur. Et c'était tout. Les heures de Chislehurst étaient parfois bien longues, bien monotones. L'Impératrice disait un jour à Ernest Lavisse, en faisant avec lui les cent pas, à son ordinaire, dans la galerie du rez-de-chaussée : « Ne trouvez-vous pas que nous avons l'air de poissons qui évoluent dans un aquarium ? » Ou encore : « Nous sommes ici sur le radeau de la *Méduse* ; il y a des moments où nous avons envie de nous manger les uns les autres. »

Le Prince impérial venait d'avoir vingt-trois ans ; ses études militaires étaient terminées. Il dit un jour à sa mère qu'il lui fallait « faire quelque

(Collection du marquis de Girardin.)

chose pour se grandir et se créer l'influence qui lui était indispensable. » « Voulez-vous que je sois toujours pour tout le monde le petit Prince ? Voulez-vous que je m'étiole et que je meure d'ennui comme le duc de Reichstadt ? » Bref, il avait décidé de prendre part à la guerre que l'Angleterre soutenait alors, en Afrique australe, contre les Zoulous. La mère essaya de combattre cette volonté, puis elle s'y résigna. Le Prince partit, le 27 février 1879. Trois mois environ plus tard, la reine Victoria envoyait à Camden son grand chambellan annoncer une affreuse nouvelle : le Prince avait été tué dans un combat le 1ᵉʳ juin. Quand la malheureuse femme eut retrouvé ses sens, son parti était pris, d'aller visiter l'endroit où était tombé son fils. Elle avait eu, depuis longtemps, comme un pressentiment de cette mort tragique. « En 1855, disait-elle, j'étais à Biarritz ; une nuit, je fus éveillée par le tocsin qui annonçait un incendie ; je me levai en hâte et j'allai faire la chaîne. Je sentis alors, pour la première fois, tressaillir mon enfant. L'idée me vint qu'il était destiné à mourir de mort violente. »

Quand elle eut décidé de partir pour l'Afrique australe, elle expliqua sa résolution dans une lettre à Franceschini Piétri :

« Je me sens attirée vers ce lieu de pèlerinage avec la même force que devaient éprouver les disciples du Christ pour les lieux saints. L'idée de voir, de parcourir les dernières étapes de la vie de mon enfant bien-aimé, de me trouver sur les lieux où s'est posé son dernier regard, dans la même saison, passer la nuit du 1er juin veillant et priant sur ce souvenir, est un besoin de mon âme et un but dans ma vie. »

Elle accomplit en 1880 ce long pèlerinage de douleur, accompagnée du marquis de Bassano et de quelques intimes. Dans une lettre écrite de là-bas, elle se définissait : « Celle à qui Dieu donna tant de choses, et à qui il enleva, un par un, tout ce qu'il avait donné, en lui laissant l'amertume des regrets comme seul compagnon de route. » Elle avait passé le 1er juin en prières à Itelezi, à l'endroit même où son fils était tombé sous les zagaies des Zoulous. Son cœur de mère saigna toujours de cette blessure ; chaque fois que le souvenir de son fils se présentait dans la conversation, ses yeux se voilaient de larmes, et elle soupirait ces mots : « Mon pauvre petit garçon ! »

Six mois après la mort du Prince impérial, l'Impératrice avait été frappée d'un autre deuil : sa mère était morte, à quatre-vingts ans.

Elle devait survivre près de quarante ans encore à ces douleurs. Préoccupée d'assurer aux restes de son mari et de son fils une sépulture digne de leur nom, elle acheta, en 1881, au sud-ouest de Londres, dans le Hampshire, une propriété connue sous le nom de Farnborough Hill ; c'est sur la ligne de Southampton, à la station de Farnborough, qui dessert le camp d'Aldershot. Elle y fit construire, par l'architecte Destailleurs, une église, qui fut desservie d'abord par des Prémontrés et qui l'est aujourd'hui par des Bénédictins français, venus de Solesmes ; ce fut à l'origine le prieuré, c'est, depuis 1903, l'abbaye de Saint-Michel de Farnborough. Le 9 janvier 1888, les restes de Napoléon III et du Prince impérial y furent transférés ; ils reposent dans la crypte, à droite et à gauche de l'autel.

Dans sa longue vieillesse l'Impératrice fut une grande voyageuse. Son yacht le *Thistle* la conduisit un peu partout, sur les côtes d'Écosse, de Norwège, en Égypte, à Ceylan, dans les eaux de la Grèce et de la Sicile. Elle vint à Paris à plusieurs reprises ; on la vit se promenant dans ce jardin des Tuileries qui lui rappelait les dix-sept années de sa vie de souveraine. Elle s'arrêta, dit-on, un jour devant une statue de l'allée centrale, une Diane chasseresse, qui passait pour avoir reproduit ses traits. Au cap Martin, dans le voisinage de Menton, sa villa Cyrnos, très accueillante aux écrivains et aux artistes, était pour les mois d'hiver sa résidence favorite ; elle aimait à y recevoir le maire de Roquebrune-Cap Martin, M. Le Roy-Dupré. Ce fut l'un des derniers Français avec qui elle s'entretint, quand elle quitta la villa Cyrnos, au printemps de 1920, pour ne plus y revenir.

L'un de ses voyages à Paris, en 1883, eut un caractère politique. Le prince Napoléon avait été arrêté, à la suite d'un violent manifeste qu'il avait publié contre le gouvernement. L'Impératrice, qui était descendue à l'hôtel du Rhin, place Vendôme, y reçut les chefs du parti bonapartiste ; elle voulait réconcilier les diverses fractions du parti. C'était malaisé. Le prince Napoléon se déclarait lui-même républicain ; d'autre part, le testament du Prince impérial avait désigné comme héritier dynastique non pas le prince Napoléon, mais son fils aîné le prince Victor ; et c'était aussi au prince Victor qu'allaient les sympathies personnelles de l'Impératrice. Par suite, les entretiens de l'hôtel du Rhin n'eurent pas de résultat. L'unité dans la famille et dans le parti ne fut véritablement rétablie qu'en 1891, après la mort du prince Napoléon.

A quelque distance de l'abbaye de Saint-Michel, sur la route d'Aldershot à Sandhurst, l'Impératrice avait fait aménager à son usage la résidence de Farnborough Hill. Au milieu d'un grand parc, dans un paysage un peu mélancolique, souvent à demi voilé par des vapeurs, une vaste habitation, qui tient plus de la maison de campagne que du château, se dresse sur une faible hauteur ; de nombreuses œuvres d'art la décorent ; une des premières que l'on voit en entrant est la statue du Prince impérial enfant, œuvre de Carpeaux. De l'autre côté de la route, un parc de caractère rustique a reçu de l'Impératrice le nom de Compiègne ; dernier souvenir de ses grandeurs évanouies. L'Impératrice en avait ouvert l'accès aux jeunes filles du pensionnat voisin de Hillside. Elle-même ne sortait guère de Farnborough, quand elle était en Angleterre. Elle aimait à y vivre dans le recueillement, au milieu des images du passé ; en dehors du prince Victor et de sa femme, la princesse Clémentine, elle ne recevait que quelques intimes. Un Bénédictin de l'abbaye venait dire la messe chez elle tous les dimanches. Elle se rendait elle-même de temps à autre à la crypte de Saint-Michel, pour s'agenouiller devant les tombeaux de son mari et de son fils. Elle avait fait préparer de son vivant une sorte de grande corniche, derrière l'autel et sur la partie haute du mur du fond, pour y disposer son tombeau ; c'est là qu'elle repose depuis 1920, à une place d'où elle domine toute la crypte et les deux tombes impériales.

En lui faisant une vie si longue et marquée par tant de douleurs, la Providence lui ménageait une grande joie. Le 11 novembre 1918, à onze heures du matin, elle entendit les coups de canon qui annonçaient la fin de la Grande

Guerre. « Depuis l'année 1870, c'est ma première joie, » dit-elle au père abbé de Farnborough, Dom Fernand Cabrol. La guerre de 1870 et ses conséquences étaient réparées ; la patrie française, qui était devenue et restée la sienne, ne portait plus le deuil de deux provinces.

L'Impératrice avait déjà appris avec une véritable satisfaction, au mois de novembre 1917, l'arrivée aux affaires de M. Georges Clemenceau. Certes, elle n'avait aucune raison d'avoir des sympathies personnelles pour l'homme politique qui avait été si dur au régime impérial ; mais elle connaissait son énergie, son besoin d'aller de l'avant. La guerre et la politique traînaient depuis trop de semaines ; avec le nouveau président du Conseil, les choses ne devaient pas manquer de prendre une autre allure. Le patriotisme clairvoyant de l'Impératrice avait deviné en Georges Clemenceau l'homme d'État qui devait être le Père la Victoire. Lors de la célébration du *Te Deum* qui suivit l'armistice, elle eut ce mot : « Si M. Clemenceau s'était rendu ce jour-là à Notre-Dame, le soir il aurait été Premier Consul. »

Toujours alerte malgré son grand âge, l'Impératrice faisait en 1920 un voyage en Espagne. Deux membres de l'Institut de France, qui étaient alors à Madrid, M. Charles Widor, secrétaire perpétuel de l'Académie des Beaux-Arts, et M. Imbart de la Tour, de l'Académie des Sciences morales et politiques, eurent l'honneur d'être reçus par elle, dans le palais de son neveu, le duc d'Albe. Elle était assise au-dessous de l'un de ses portraits, qui remontait au temps de sa jeunesse et où l'artiste l'avait représentée dans tout l'éclat de sa beauté. Tout en l'écoutant, les deux académiciens pouvaient comparer l'image du passé et la femme qui avait servi de modèle ; ils retrouvaient encore, à plus de soixante ans de distance, sur le visage de cette vieille dame, plus d'un trait qui avait inspiré le pinceau de l'artiste.

L'Impératrice était toute heureuse de sa santé. « J'ai respiré, disait-elle, il y a quelques jours, les senteurs de mes orangers de Grenade, et j'ai revécu les années de ma jeunesse. » Elle mit la conversation sur la situation financière de la France depuis la guerre ; elle parlait avec animation, tout en scandant ses phrases avec une canne dont elle frappait le plancher. « Comment peut-on dire que les finances de la France sont compromises ? Est-ce que la France peut faire faillite avec un empire colonial comme le sien ? avec l'Algérie ? avec la Tunisie ? avec le Maroc ? avec l'Indo-Chine ? » Elle parla ainsi longtemps, toujours avec la même ardeur, comme un homme d'affaires qui disserte sur une question de sa compétence. Puis, brusquement, elle posa cette question bizarre, souvenir pour elle des manifestations que la police impériale avait organisées sur les boulevards, au mois de juillet 1870 : « Est-ce qu'il y a encore des blouses blanches à Paris ? » La conversation rebondissait ainsi d'un sujet à l'autre. Les deux académiciens prirent congé d'eux-mêmes, au bout de près de trois quarts d'heure, dans la crainte de fatiguer l'Impératrice, qui montra jusqu'au bout le même entrain.

C'était huit jours avant qu'elle subît l'opération de la cataracte ; plusieurs occulistes la lui déconseillaient à cause de son grand âge. L'Impératrice se décida à la tenter : l'opération lui rendit la vue, mais elle lui coûta la vie. L'Impératrice mourut à Madrid, le 11 juillet 1920. Elle avait quatre-vingt-quatorze ans, deux mois et six jours.

Son corps fut transporté à Farnborough. Le 20 juillet, ses obsèques solennelles étaient célébrées à l'abbaye de Saint-Michel. Le Prince Napoléon et sa femme conduisaient le deuil. Le Roi George V et la Reine d'Angleterre, le Roi Alphonse XIII et la Reine d'Espagne, l'ancien Roi Manoel et la Reine de Portugal, la reine douairière Amélie de Portugal, la princesse Béatrice de Battenberg, étaient à la tête de la nombreuse assistance qui était venue de France pour apporter à la mémoire de l'Impératrice un hommage suprême. Dom Fernand Cabrol prononça une oraison funèbre ; les lignes suivantes résument, d'une manière saisissante, l'existence d'Eugénie de Montijo, Impératrice des Français :

« 1826 à 1920 ! » dit l'orateur sacré. « C'est presque un siècle dont sa vie fut le témoin. Quelle prodigieuse destinée !

« Naître dans cette Espagne qui lui resta toujours si chère, d'une famille dont l'histoire est mêlée à l'histoire glorieuse de cette nation ; rencontrer comme par hasard dans la vie cet héritier de la gloire militaire la plus éclatante du siècle ; devenir l'Impératrice des Français et porter, pendant dix-sept ans, le poids de ce magnifique diadème ; puis tomber avec l'Empire dans une guerre malheureuse dont on lui fera, bien à tort, porter la responsabilité ; perdre, dans un accident d'une si étrange fatalité qu'il reste pour certains historiens un mystère encore inexpliqué, ce fils, héritier de tant de gloire et de tant d'infortune et à qui semblait promis un empire ; vivre ensuite de longues années encore dans son deuil, jusqu'au jour où elle voit réparée dans la plus éclatante victoire la plus cruelle des injustices ; et puis revenir dans cette Espagne de sa jeunesse, à son point de départ, pour y mourir : quel destin ! C'est celui de cette femme que nous pleurons aujourd'hui. »

L'Impératrice n'a pas écrit de mémoires ; elle n'a pas songé à plaider sa cause devant la postérité, pas plus qu'elle n'a voulu, de son vivant, alimenter les polémiques. Jamais elle ne proféra de critique contre les hommes et contre les choses, quels qu'ils fussent. « Les souverains tombés, disait-elle, sont

environnés de saints Pierre, de gens qui, après avoir renié leurs maîtres,
se repentent et s'appliquent à réparer. Faut-il, en dévoilant leur défaillance,
les signaler au mépris de ceux qui ne savaient pas ? »

Elle a dit à ce sujet son sentiment, dans une lettre privée de l'année 1896 ;
c'était à propos de ces événements des mois d'août et de septembre 1870,
qui ont inspiré tant d'écrits dans un sens ou dans l'autre :

« Vous comprendrez, j'espère, le parti que j'ai pris de ne point répondre
et de ne rien démentir, si douloureux que cela puisse être pour moi. Une
guerre de récrimination ou de justification me répugne ; j'ai foi que pour
l'Empereur d'abord et pour moi, peut-être, le temps fera justice. »

Les pages qui précèdent ont été inspirées par l'idée de ne rien omettre
d'essentiel, dans les limites dont on disposait, et de ne rien cacher non plus ;
la première loi de l'historien n'est-elle pas, suivant le mot de Cicéron, de
n'oser rien dire de faux et d'oser dire ce qui est vrai ? Cette étude est comme
une esquisse rapide de la vie et du rôle de l'Impératrice Eugénie, mais une
esquisse qui s'est efforcée d'être complète en exposant ce caractère de femme
et son action dans ses manifestations diverses ; une esquisse qui a entendu
demeurer, d'un bout à l'autre, dans le domaine de l'histoire impartiale et
véridique. Le moment est arrivé, semble-t-il, où l'on peut parler de l'Impératrice Eugénie avec la sérénité qui convient à une étude d'histoire. Son mot de
1896 commence à être une vérité :

« J'ai foi que pour moi, peut-être, le temps fera justice. »

TABLE EXPLICATIVE DES PLANCHES

Planches.

1. — Mlle Eugénie de Montijo a cheval, en costume espagnol, peint par Odier en 1849. (Collection de M. le Duc d'Albe.)

Sur le rocher à gauche on peut lire l'inscription :

« Este retrato es de la
Exma Sra Dna Eugenia
de Guzman, Portocarrero
Palafox y Zapata
Csa de Teba
Msa de Moya. »

2. — Mlle Eugénie de Montijo en costume espagnol. Esquisse à l'aquarelle de Eugène Giraud.

Cette esquisse fait partie de la collection de M. Édouard Lockroy qui, ayant été l'élève de Giraud, en fit l'acquisition, lors de la vente de ce peintre, et rédigea la note ci-après :

« Esquisse d'un portrait de Mlle de Montijo par E. Giraud. Cette esquisse, faite sur les indications de Mlle de Montijo, avait été agréée par elle. Quelques semaines après, l'Empereur demanda Mlle de Montijo en mariage. Il jugea que la future Impératrice ne devait pas être représentée vêtue en Espagnole et dans une attitude qu'il trouvait inconvenante. Il défendit à E. Giraud d'exécuter le portrait. »

3. — S. M. l'Impératrice Eugénie, gravure par Weber, d'après le tableau de Winterhalter. (Collection de S. A. I. le Prince Napoléon.)

4. — Napoléon III et l'Impératrice Eugénie sortant des Tuileries pour se rendre a Notre-Dame, le jour de leur mariage, le 30 janvier 1853. Aquarelle par Eugène Lami. (Collection de M. Jacques Guérin.)

5. — Le Chateau de Villeneuve-l'Étang, à Saint-Cloud.

Ce château, qui avait été sous la Restauration la résidence préférée du duc et de la duchesse d'Angoulême (fille de Louis XVI), se trouvait dans le parc réservé du palais de Saint-Cloud.

L'Empereur et l'Impératrice y passèrent les premiers jours de leur mariage.

1. — Château.
2. — Fontaine.
3. — Ferme.
4. — Laiterie.

D'après des photographies.

6. — L'Empereur et l'Impératrice en 1853. — D'après une photographie.

7-8. — Le Palais des Tuileries en 1854. L'Arc de triomphe du Carrousel formait la porte
d'accès de la grande cour.

Au premier plan, le chantier des travaux pour la mise en état de la place du Carrousel.
D'après une photographie.

9. — Pavillon central du Palais des Tuileries, vu du côté du jardin. — D'après une
photographie. (Cliché des Archives photographiques d'Art et d'Histoire.)

10. — S. M. l'Impératrice Eugénie représentée agenouillée. Esquisse de Thomas Couture (1856) pour son tableau « Le Baptême du Prince impérial, » grande toile
où seule la figure de Napoléon III n'a pas été exécutée. (Collection de
M. Georges Bertault-Couture.)

11. — Fête donnée a l'Hôtel de Ville de Paris, à l'occasion du baptême du Prince
impérial, le 15 juin 1856. Aquarelle d'Eugène Lami. (Collection de M. Thibault
Kahn.)

12. — S. M. l'Impératrice Eugénie et le Prince impérial. — D'après deux photographies.

13. — Le Prince impérial, peinture sur bois par Meissonnier (1864). (Collection de
S. A. I. le Prince Napoléon).

14. — S. M. l'Impératrice Eugénie. Esquisse par J.-B. Carpeaux. (Cabinet des dessins
du Musée du Louvre.)

De la suite des dessins offerts aux musées nationaux par le prince Georges Stirbey, en 1881.

15. — Le Grand Prix a Longchamp en 1864, aquarelle par Eugène Lami. (Collection du
comte de Miramon.)

16. — L'Impératrice visitant les cholériques en 1865.

Extrait de la chronique de l'*Univers illustré* (28 octobre 1865).

« L'événement capital de la semaine qui vient de s'écouler a été la visite que LL.
MM. l'Empereur et l'Impératrice ont faite aux salles des cholériques dans les principaux
hôpitaux de Paris...

« De son côté, S. M. l'Impératrice, accompagnée de Mme la comtesse Aguado, dame d'honneur, et de Mlle Bouvet, sa lectrice, est allée aux hôpitaux Lariboisière, Saint-Antoine et
Beaujon. Pendant une heure elle a parcouru toutes les salles et parlé aux malades
atteints du choléra... »

17. — S. M. l'Empereur Napoléon III, peinture par A. Yvon (1860). (Collection de
S. A. I. le Prince Napoléon.)

18. — S. M. l'Impératrice Eugénie, peinture par Winterhalter (1863). (Collection du
duc d'Albe.)

L'Impératrice était assise devant ce tableau quand elle reçut MM. Widor et Imbart de la
Tour. (Voir p. 93.)

19. — Le Décaméron : l'Impératrice et les dames de sa maison. Peinture de Winterhalter
    (1855). (Collection de S. A. I. le Prince Napoléon.)

    Au centre, l'Impératrice Eugénie. — A sa gauche, une main repliée sous le menton, la
    duchesse de Bassano. — Groupe à droite de l'Impératrice : en haut, de profil, la prin-
    cesse d'Essling, grande maîtresse ; au premier plan, la baronne de Pierres ; tout près
    d'elle, la vicomtesse de Lézay-Marnezia. — Au premier plan, au milieu, la comtesse de
    Montebello. — Groupe à gauche de l'Impératrice : en haut, la baronne de Malaret ;
    légèrement inclinée et tenant un chapeau, la marquise de la Tour-Maubourg ; vue de
    face, la marquise de Las Marismas.

    Pour les dames de la maison de l'Impératrice, voir ci-dessus, p. 21.

20. — S. A. I. la Princesse Mathilde. Esquisse de Thomas Couture (1856). (Collection
    de Mᵐᵉ Bertault-Couture.)

21. — La Princesse de Metternich, « la jolie laide, » par Winterhalter. (Polytechnicum
    de Vienne.)

22. — Le Salon des Maréchaux, aux Tuileries, aquarelle par Eugène Lami.

    L'Empereur et l'Impératrice sont assis au centre de l'estrade.

(Collection du Baron de Vaufreland)

23. — Soirée donnée, en juin 1867, aux Tuileries, dans la salle du Théatre (décor des
    Noces de Cana, qui avait déjà servi au bal du palais d'Albe, en avril
    1860), à l'occasion de la visite du Tsar et du Roi de Prusse à l'Exposition
    Universelle.

    Aquarelle de Baron (Salon de 1868). Musée du Louvre.

24. — Fête donnée dans les jardins des Tuileries, à l'occasion de la visite du Sultan
    Abd-ul-Aziz à l'Exposition Universelle de 1867.

    Aquarelle d'Eugène Lami. (Collection de M. Leroy.)

25. — Chateau de Saint-Cloud :

    1 et 2. — Façade du fer à cheval.
        3. — Cour d'honneur.
        4. — L'Orangerie. (Salle où siégea le Conseil des Cinq Cents au 19 Brumaire.)
        D'après des photographies.

26. — Chateau de Saint-Cloud :

    1. — Lit de S. M. l'Impératrice.
    2. — Cabinet de toilette de S. M. l'Impératrice.
    3. — Salon de famille.
    4. — Salon des Dames du palais.
        D'après des photographies.

27. — Le Train impérial a la gare du Nord et le Wagon-Salon impérial.

    Les plans en furent dessinés par Viollet-le-Duc. Ce train servit à la plupart des déplace-
    ments de Leurs Majestés.

    D'après des photographies.

28. — La Cour impériale a Compiègne.

Photographie faite à Compiègne par le comte Aguado, en octobre 1856.

De gauche à droite :

Baron de Rothschild, marquis de Villa-Marina, duchesse de Padoue, duchesse de Lesparre, comtesse de Taillis, princesse Mathilde, abbé Laisne, duc de Bassano, baronne Gourgaud, Mme de Saulcy, S. M. l'Impératrice, Mme Rouher, Mme de Mac-Mahon, lady Cawley, amirale Bruat, princesse de Beauvau, Mme Daumesnil.

29. — « Les Commentaires de César. » Aquarelle d'Eugène Lami.

Cette pièce, écrite par le Marquis de Massa, fut jouée à Compiègne en 1866.

Au centre le Prince impérial, en grenadier représentant l'Avenir ; la comtesse de Pourtalès, symbolisant la France, à côté de la princesse de Metternich représentant la Chanson, tandis que Mme de Gallifet symbolise l'Industrie.

(Appartient au Comte Hubert de Pourtalès.)

30. — La Cour impériale a Fontainebleau. — D'après une photographie faite le 24 juin 1860, devant l'étang des Carpes.

Dans la barque, l'Empereur, devant lui le Prince impérial ; au milieu, sur le troisième plan, l'Impératrice assise, de profil. En haut, de gauche à droite : le commandant Brachy, M. de Bourgoing, baron Lambert, M. Jouffroy d'Abbans, comte Walewski, marquis de Chaumont-Quitry, comte Castel-Bajac, docteur Corvisart, comte de Maubourg, prince Czartoryski, comte Toulongeon, comte de la Roche Lambert, comte de Valabrègue.

En bas, de gauche à droite : comte Hayos, prince Poniatowski, baron Beyens, comte de la Poëze, Visconti, prince de Croy, colonel Lepic, princesse Poniatowska, comtesse de la Poëze, baronne de Kleinenberg, baron de Vatry, marquis de la Tour-Maubourg, princesse Czartoryska, baronne Beyens, marquis de la Bédoyère, Mme de Brancion, princesse d'Essling, comtesse de Castel-Bajac, Mlle Alfonso, Mlle de Varaignes, prince de Metternich, comte de Pourtalès, Mme Alfonso, comtesse de Metternich (à la droite de l'Impératrice), Mme de Pourtalès, Mme de Lourmel, Mme de Rayneval, comte de Hatzfeld, prince de Reuss.

31. — La Résidence impériale a Biarritz.

Au premier plan le poste de garde, au fond le château.

D'après une photographie de 1859.

32. — Le Yacht impérial « l'Aigle. » Aquarelle signée B. D.

Ce yacht, construit au commencement de l'Empire, fut d'abord à aubes ; puis il fut modifié et pourvu d'une hélice. Il servit dans tous les déplacements importants de l'Empereur et de l'Impératrice.

(Collection du marquis de Girardin.)

33. — L'Empereur et l'Impératrice en Algérie en 1862. Dessin de Constantin Guys.

Sous une grande tente arabe, S. M. l'Empereur et S. M. l'Impératrice reçoivent l'hommage des grands chefs indigènes.

(Collection du baron Gourgaud.)

DOCUMENTS DANS LE TEXTE

TABLE DES MATIÈRES

MADEMOISELLE EUGÉNIE DE MONTIJO.
Peinture de Odier (1849).

1.

Mademoiselle Eugénie de Montijo.
Esquisse à l'aquarelle de E. Giraud.

2.

S. M. L'Impératrice Eugénie.
Gravure de Weber, d'après Winterhalter.

Napoléon III et l'Impératrice Eugénie sortant des Tuileries le jour de leur mariage.
Aquarelle d'Eugène Lami.

LE CHÂTEAU DE VILLENEUVE-L'ÉTANG A SAINT-CLOUD.

1. Le Château. — 2. La Fontaine. — 3. La Ferme. — 4. La Laiterie.

5.

L'IMPÉRATRICE EUGÉNIE

L'Empereur et l'Impératrice en 1855.
D'après une photographie.

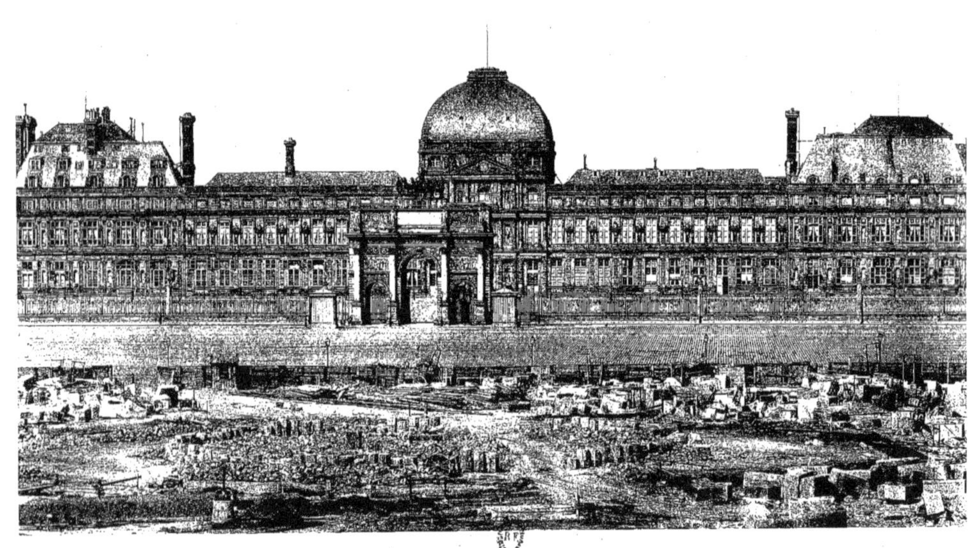

Le Palais des Tuileries en 1854.
D'après une photographie.

Le Pavillon central du Palais des Tuileries,
vu du côté du jardin.

S. M. L'Impératrice Eugénie (1856).
Esquisse de Thomas Couture.

10.

Fête donnée a l'Hôtel de Ville de Paris
a l'occasion du baptême du Prince Impérial.
Aquarelle d'Eugène Lami.

S. M. L'IMPÉRATRICE EUGÉNIE ET LE PRINCE IMPÉRIAL.
D'après deux photographies.

12.

Le Prince Impérial (1864).
Peinture de Meissonier.

S. M. L'Impératrice Eugénie.
Esquisse par J.-B. Carpeaux.

Le Grand Prix a Longchamp en 1864.
Aquarelle d'Eugène Lami.

L'IMPÉRATRICE VISITANT LES CHOLÉRIQUES EN 1865.

S. M. L'Empereur Napoléon III (1860).
Peinture de A. Yvon.

L'Impératrice Eugénie (1862).
Peinture par Winterhalter.
(Collection du Duc d'Albe.)

Le Décaméron.
Peinture de Winterhalter.

19.

S. A. I. LA PRINCESSE MATHILDE (1858).
Esquisse de Thomas Couture.

LA PRINCESSE DE METTERNICH.
Par Winterhalter.

La Salle des Maréchaux aux Tuileries.
Aquarelle d'Eugène Lami.

Soirée aux Tuileries (1867).
Aquarelle de Baron.

Fête de nuit dans le jardin des Tuileries (1867).
Aquarelle d'Eugène Lami.

CHATEAU DE SAINT-CLOUD.

1 et 2. Façade du fer à cheval. — 3. Cour d'honneur. — 4. L'Orangerie.

CHÂTEAU DE SAINT-CLOUD.

1. Lit de S. M. l'Impératrice. — 2. Cabinet de toilette. — 3. Salon de famille.
4. Salon des dames d'honneur.

26.

Le Train impérial et son wagon-salon à la Gare du Nord.

La Cour Impériale à Compiègne (Octobre 1856).

« LES COMMENTAIRES DE CÉSAR » (1866).
Aquarelle d'Eugène Lami.

La Cour Impériale à Fontainebleau (24 juin 1860).

LA RÉSIDENCE IMPÉRIALE À Biarritz.

LE YACHT IMPÉRIAL « L'AIGLE ».

L'Empereur et l'Impératrice en Algérie (1862.)
Dessin de Constantin Guys.

Incendie du Palais des Tuileries, 23 mai 1871.
Lithographie de Sabatier.

34.

CAMDEN PLACE — CHISLEHURST.
Première résidence impériale en Angleterre.

L'Impératrice Eugénie à Farnborough.

Farnborough-Hill, dans le Hampshire.
Dernière résidence en Angleterre.

 37

L'Impératrice Eugénie à la villa Cyrnos (1902).

LES FUNÉRAILLES DE L'IMPÉRATRICE EUGÉNIE,
20 juillet 1920.

L'Abbaye de Saint-Michel de Farnborough.